世界武器大全
系列丛书

世界枪械

大全（图鉴版）

《深度军事》编委会◎编著

清华大学出版社
北京

内 容 简 介

本书是介绍世界枪械的军事科普图书，书中精心收录了二战以来世界各国设计制造的 100 多款经典枪械，涵盖手枪、冲锋枪、突击步枪、狙击步枪、霰弹枪、机枪等类型，完整呈现了单兵作战的武器面貌。每款枪械都配有精美的整体鉴赏图和局部特写图，帮助读者了解枪械构造。为了增强图书的知识性和趣味性，每款枪械都添加了一则趣味小知识，作为延伸阅读。

本书内容结构严谨，分析讲解透彻，图片精美丰富，适合广大军事爱好者阅读和收藏，也可以作为青少年的科普读物。

图书在版编目 (CIP) 数据

世界枪械大全 . 图鉴版 /《深度军事》编委会编著 . —北京：清华大学出版社，2020.5（2024.11重印）

　　（世界武器大全系列丛书）

　　ISBN 978-7-302-54901-7

　　Ⅰ . ①世… Ⅱ . ①深… Ⅲ . ①枪械—世界—图集 Ⅳ . ① E922.1-64

　　中国版本图书馆 CIP 数据核字（2020）第 024272 号

责任编辑：李玉萍
封面设计：陈国风
责任校对：张彦彬
责任印制：刘海龙

出版发行：清华大学出版社
　　　　　网　　　址：https://www.tup.com.cn，https://www.wqxuetang.com
　　　　　地　　　址：北京清华大学学研大厦 A 座　　　　邮　　编：100084
　　　　　社 总 机：010-83470000　　　　　　　　　　邮　　购：010-62786544
　　　　　投稿与读者服务：010-62776969，c-service@tup.tsinghua.edu.cn
　　　　　质 量 反 馈：010-62772015，zhiliang@tup.tsinghua.edu.cn
印 装 者：涿州汇美亿浓印刷有限公司
经　　销：全国新华书店
开　　本：146mm×210mm　　　印　　张：6.5　　　字　　数：166 千字
版　　次：2020 年 6 月第 1 版　　　印　　次：2024 年 11 月第 10 次印刷
定　　价：45.00 元

产品编号：082849-01

前 言

枪械是指利用火药燃气能量发射弹丸，口径小于 20 毫米的身管射击武器。其以发射枪弹、打击无防护或弱防护的有生目标为主。是步兵的主要武器，也是其他兵种的辅助武器。此外，在民间还广泛用于治安警卫、狩猎、体育比赛。

在一战之后，各国就已经积极开始研发手枪、左轮手枪、冲锋枪、手动步枪、半自动步枪、自动步枪、狙击步枪以及机枪。在这期间先后出现了许多新型枪械，如苏联的莫辛 - 纳甘步枪、美国的 M1 加兰德步枪、勃朗宁自动步枪，英国的布伦轻机枪等。至二战后期，还出现了自动步枪和突击步枪，如 1944 年出现在战场上的德国 7.92 毫米 StG44 突击步枪，其最大的优点是火力强大、轻便、在连续射击时也比机枪容易控制，这是世界上第一种突击步枪，同时也对世界各国枪械的研制产生了深远的影响。

本书是介绍世界枪械的军事科普图书，全书共分为 7 章，第一章简明扼要地介绍了枪械的发展历程以及枪械的分类，其他各章分别介绍了二战以来世界各国设计制造的重要手枪、冲锋枪、突击步枪、狙击步枪、霰弹枪、机枪，基本涵盖了枪械中所有执行直接作战任务的枪种。通过阅读本书，读者可以全面认识这些枪械，并在一定程度上了解世界主要军事强国的枪械发展脉络。对于想要进一步学习军事知识的读者，本书还有配套的电子书，读者可以使用手机扫描书中二维码，进行拓展阅读。

本书是真正面向军事爱好者的基础图书，编写团队拥有丰富的军事图书写作经验，并已出版了许多畅销全国的图书作品。与同类图书相比，本书不仅图文并茂，在资料来源上也更具权威性和准确性。同时，本书还拥有非常完善的售后服务，读者朋友可以通过电话、邮件、官方网站和微信公众号等多种途径提出您宝贵的意见和建议。

本书由《深度军事》编委会创作，参与编写的人员有阳晓瑜、陈利华、高丽秋、龚川、何海涛、贺强、胡姝婷、黄启华、黎安芝、黎琪、黎绍文、卢刚、罗于华等。对于广大资深军事爱好者，以及有意了解国防军事知识的青少年来说，本书不失为有价值的科普读物。希望读者朋友们能够通过阅读本书，循序渐进地提高自己的军事素养。

目 录

Chapter 01

枪械概述

　　枪械是指利用火药燃气能量发射弹丸，口径小于 20 毫米的身管射击武器。枪械以发射枪弹、打击无防护或弱防护的有生目标为主。它不仅是步兵的主要武器，同时还是其他兵种的辅助武器。自从枪的概念问世以来，一个国家的军事实力大部分依靠枪械来作为评判的标准。从冷兵器时期的弓箭、弩到如今各种枪械的产生与使用，在证明时代进步的同时，也说明了枪械在武装力量方面的重要性。不仅如此，在一支军队中，不论是将军还是士兵，熟练掌握枪械的运用基本上已成为一项必备技能。

枪械的发展历程

世界上最早的一支"枪"要追溯到 1259 年，那时人们发明了以黑火药发射弹丸、竹管为枪管的第一支"突火枪"。它前段是一根粗竹管；中段膨胀的部分是火药室，外壁上有一点火小孔；后段是手持的木棍。其发射时以木棍拄地，左手扶住枪管，右手点火，发出一声巨响，射出石块或者弹丸，未燃尽的火药气体喷出枪口达两三米。其原理接近现在的枪械。当这种火药传到西方之后，在 14 世纪中叶，欧洲最早出现了"火门枪"。

早期的枪械

19 世纪末开始出现了自动枪械，并在一战中被投入使用。一战之后，枪械的种类也相继多了起来，例如，左轮手枪、冲锋枪、手动步枪、半自动步枪、自动步枪、狙击步枪及机枪。其间先后出现了许多新型枪械，如德国的 Kar 98k 毛瑟步枪、MG13、MG45、英国的刘易斯轻机枪等。

李－恩菲尔德步枪

到了二战后期，还出现了自动步枪和突击步枪，1944 年出现在战场上的德国 7.92 毫米 StG44 突击步枪，拥有火力强大、轻便、在连续射击时亦较机枪容易控制的特点，成为世界上第一种突击步枪，对世界各国枪械的研制产生了深远的影响。

二战后，美国开发了 M14 自动步枪及 M60 机枪，越战时期，冲锋枪及自动步枪已成为主要战争武器，像 20 世纪 60 年代装备美军

M1917 手枪

的 7.62 x 51 毫米 M14 自动步枪，战时显示大口径子弹不适合用作突击步枪，其后开发出著名的小口径 M16，此时世界各国也分成北约及华约口径作制式弹药来设计各种枪械。

自21世纪以来，枪械的技术发展突飞猛进，不仅枪械的种类繁多，而且用途各异。现代步枪以突击步枪、狙击步枪、自动步枪和卡宾枪为主，机枪以重机枪、轻机枪和通用机枪为主，而冲锋枪在军事上的用途已经逐渐被突击步枪和卡宾枪所取代，目前主要装备特种部队和警察。但是人们对于枪械的探求依旧没有停下来，仍然在探寻现代枪械不为人知的一面，来满足未来战争的需求。

M4 卡宾枪

AR-18 突击步枪

MSR 狙击步枪

现代枪械的主要种类

经过几个世纪的发展，枪械的设计与制作都已十分成熟，如今的枪械不仅方便携带，而且可靠性、威力和精准度都大大提高。枪械按照性能可分为手枪、冲锋枪、突击步枪、狙击步枪、霰弹枪以及机枪。

手枪

手枪是一种单手握持瞄准射击或本能射击的短枪管武器，一般为指挥员和特种兵随身携带，用在 50 米内自卫或突然袭击敌人。其特点是：变换保险、枪弹上膛、更换弹匣方便，结构紧凑，自动方式简单。现代军用手枪主要有自卫手枪和冲锋手枪。自卫手枪射程一般为 50 米，弹匣容量 8~15 发，发射方式为单发，重量在 1 千克左右。冲锋手枪也叫战斗手枪，全自动，一般配有分离式枪托，弹匣容量 10~20 发，平时可当冲锋枪使用，有效射程可达 100~150 米。现代手枪主要有 3 种类型，即左轮手枪、半自动手枪、全自动手枪。

M1911 手枪

Bren Ten 手枪

冲锋枪

冲锋枪又叫短机枪、短机关枪、机关短枪或次机枪，一般泛指使用手枪子弹的连发枪械，冲锋枪的设计者对这种武器的共同设计诉求为"轻便"及"全自动射击"。究其原因，他们认为世界上第一支冲锋枪是协约国意大利的 Villar-Perosa，该枪采用双枪管设计，发射手枪子弹，装有两脚架但没有枪托。

M3 冲锋枪

MP5 冲锋枪

突击步枪

突击步枪是根据现代战争的要求，将步枪和冲锋枪所固有的最佳战术技术性能成功地结合起来。现多指各种类型的能全自动 / 半自动 / 点射方式射击，发射中间型威力枪弹或小口径枪弹，有效射程 300~400 米的自动步枪。其特点是射速较高、射击稳定、后坐力适中、枪身短小轻便。是具有冲锋枪的猛烈火力和接近普通步枪射击威力的自动步枪。

AK-74 突击步枪

ACR 突击步枪

狙击步枪

狙击步枪是在普通步枪中挑选或专门设计制造，具有射击精度高、距离远、可靠性好等优点。军事上主要用于射击对方的重要目标，如指挥人员、车辆驾驶员、机枪手等。狙击步枪的结构与普通步枪大致相同，不同之处在于狙击步枪多装有精确瞄准用的瞄准镜，枪管经过特别加工，精度非常高，射击时大多数以半自动方式或手动单发射击。

VSS 微声狙击步枪

MRAD 狙击步枪

 霰弹枪

　　霰弹枪旧称猎枪或滑膛枪，霰弹枪的枪管较粗，子弹粗大，射击的时候声音很大。枪口径为 12~20 毫米，火力大，杀伤面宽，是近战的高效武器，已被各国军队包括特种部队、警察部队广泛采用。该枪是指无膛线且以发射霰弹为主的枪械，有一些霰弹枪为了提高精准度会更换有膛线的枪管。通常外形和大小与步枪有些相似，但不同之处是有大口径和粗大的枪管，部分型号无准星或标尺，口径一般达到18.2 毫米。

M870 霰弹枪

M26 霰弹枪

机枪

机枪在一般口语中泛指可连发枪械。为了满足连续射击的稳定需要，通常备有两脚架及可安装在三脚架或固定枪座上，主要发射步枪或更大口径的子弹，可以快速连续射击，以扫射为主要攻击方式，透过绵密火网压制对方火力点或掩护己方进攻。不仅如此，机枪除了攻击有生目标之外，也能射击其他无装甲防护或薄装甲防护的目标。

加特林机枪

M249 轻机枪

Chapter 02

手　枪

　　手枪是单人使用的自卫武器，它能以其火力杀伤近距离内的有生目标。手枪经过长期的演变，已经发展成为种类繁多的现代手枪家族，并且性能和威力都大幅度提高。尽管它在战争中作用并不很大，但因其轻巧、便于携带，是军队、警察必备的自卫武器之一。

德国鲁格 P08 手枪

鲁格 P08 手枪由乔治•鲁格在 1899 年根据博尔夏特手枪改进而来，它是世界上第一把制式军用半自动手枪。

枪管特写

扳机特写

研发历史

1893 年，美籍德国人雨果•博尔夏特发明了世界上第一种自动手枪——7.65 毫米 C93 式博尔夏特手枪，该枪外形笨拙不实用。后来，和他同一个工厂的乔治•鲁格对这种手枪的结构进行了改进设计，并于 1899 年定型。1900 年，该枪被瑞士选为制式手枪，此后，鲁格公司继续对该枪进行改良，1904 年，改良后使用 9×19 毫米子弹的鲁格手枪被德国海军采用。

由于在战场上表现出极好的可靠性，因此在 1908 年鲁格手枪又被德国陆军作为制式自卫武器，命名为鲁格 P08。

基本参数	
口径	9 毫米
全长	222 毫米
重量	871 克
枪口初速	350～400 米 / 秒
弹容量	8/32 发
相关简介	

实战性能

鲁格 P08 最大的特色是其肘节式闭锁机，类似人类的手肘，弯曲时，容易收缩，一旦伸直，便可抵抗很强的力量。该枪有多种变形，其中鲁格 P08 炮兵型是该系列手枪中的佼佼者，射击精度较高，能够命中 200 米处的人像靶。

> **趣味小知识**
>
> 鲁格 P08 手枪是两次世界大战中德军最具有代表性的手枪之一，在诸如《兄弟连》《辛德勒名单》等以二战为题材的电影中，时常看到它的身影。虽然该枪目前已经停产，但依旧有着较高的知名度。

德国伯格曼 M1896 手枪

M1896 是伯格曼公司自主创新的新枪型之一，该枪的自动方式为自由枪机式。这种自由枪机式是伯格曼独创，在枪械发展史上占有一席之地。

枪弹特写

弹仓特写

研发历史

1892 年，奥地利人约瑟夫•劳曼发明了第一支自动手枪——肖伯格手枪，但由于这款自动手枪的弊病太多且不实用，肖伯格手枪一出生就被淘汰了，但人们却从中看到了自动手枪发展的广阔前景。随后，众多国家的兵工厂、枪械设计师开始了对自动手枪的研发，西奥多•伯格曼便是其中之一。

1892 年，他设计出了一种延迟后坐自动装填手枪，该枪被称为 M1893 手枪，只有少量生产，其中一支于 1893 年被送到瑞士进行试验。经过改进，他又研制出 M1894 伯格曼自动手枪，继而在 M1894 的基础上又推出 M1896 伯格曼自动手枪。

基本参数	
口径	8 毫米
全长	254 毫米
重量	1130 克
枪口初速	380 米 / 秒
弹容量	5 发
相关简介	

实战性能

自由枪机的自动方式特点是，枪机和枪管完全没有扣合，只是靠枪机的质量和复进簧的张力关闭弹膛。该自动方式只适用于小型武器，对于大型武器来说并不合适，这是由于装药量很大，很容易出现弹壳炸裂和后坐力太大等问题。此外，枪弹不仅能够一发一发地装填，还可通过弹夹装填。

德国毛瑟 C96 手枪

C96 手枪是德国毛瑟公司在 1896 年推出的，是德军在两次世界大战期间使用的手枪之一。

枪口特写

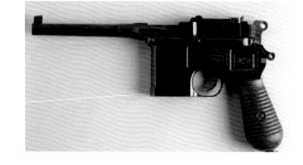

扳机特写

研发历史

C96 手枪是毛瑟兵工厂的科研设计人员菲德勒三兄弟利用工作空闲时间设计而来。1895 年 12 月 11 日，毛瑟兵工厂的老板为该枪申请了专利，次年正式生产，到 1939 年停产，前后一共生产了约 100 万把毛瑟 C96 手枪，其他国家也仿制了数万把。

在大量生产的 40 年历史中，C96 手枪少有改进，这并不是说毛瑟兵工厂不重视，而是因为原始设计已经很完美。

基本参数	
口径	7.63/9 毫米
全长	288 毫米
重量	1 130 克
枪口初速	425 米 / 秒
弹容量	6/10/20/40 发
相关简介	

C96 手枪是丑得可爱的标准典型，而"丑"的背后是让人惊叹的神奇——整支枪没有使用一个螺丝或插销，却做到了所有零件严丝合缝，其构造让现代手枪也为之汗颜。

实战性能

C96 在击发时，后坐力使枪管兼滑套及枪机向后运动，此时枪膛仍然是在闭锁状态。 由于闭锁榫前方是钩在主弹簧上，因此有一小段自由行程。由于闭锁机组上方的凹槽，迫使闭锁榫向后运动时，只能顺时针向下倾斜，因此脱出了枪机凹槽。

趣味小知识

C96 手枪非常有趣的一项特色是它的枪套，由于枪套是木质盒子，将其倒装在握柄后，立即转变为一支冲锋枪，成为肩射武器，这是当时非常流行的做法。

德国瓦尔特 PP/PPK 手枪

瓦尔特 PP 是由德国卡尔·瓦尔特运动枪有限公司制造的半自动手枪，瓦尔特 PPK 是瓦尔特 PP 的改良型，尺寸略小。

弹匣特写

扳机特写

研发历史

一战结束后，作为战败国，德国受到了很多限制，其中一条就是枪械的口径不得超过 8 毫米，枪管长不得超过 100 毫米。鉴于此，瓦尔特公司于 1929 年开发了一种具有划时代意义的自动手枪——瓦尔特 PP。1930 年，为了满足高级军官、特工、刑事侦探人员的需求，瓦尔特公司又在 PP 手枪的基础上推出了 PPK 手枪。

瓦尔特 PP 系列手枪的设计非常成功，其常青树般的生命力就已经充分地说明了这一点，它对二战后的手枪设计产生了极大的影响。直到今天，瓦尔特公司仍然在继续生产这两款手枪。

基本参数	
口径	9 毫米
全长	170 毫米
重量	665 克
枪口初速	256 米／秒
弹容量	8 发
相关简介	

实战性能

瓦尔特 PP/PPK 采用外露式击锤，配有机械瞄准具。该枪的弹匣下部有一塑料延伸体，能够让射手握得更牢固。两者都使用 7.65 毫米柯尔特自动手枪弹。

趣味小知识

德国瓦尔特 PP/PPK 手枪是《007》系列电影中的常客，虽然两者都已经诞生了 80 多年，但仍是小型手枪的经典之作。

德国瓦尔特 P38 手枪

瓦尔特 P38 是由德国瓦尔特武器公司在 1930 年为德意志国防军研制的一种 9 毫米口径半自动手枪，此枪在二战期间被广泛采用。

扳机特写

枪管特写

基本参数	
口径	9 毫米
全长	216 毫米
重量	800 克
枪口初速	365 米 / 秒
弹容量	8 发
相关简介	

研发历史

P38 手枪是二战中使用最广泛的手枪之一。二战随着德国的战败，P38 的辉煌时代也宣告结束。1945 年，瓦尔特公司所在地采拉 – 梅利斯特的图林根被美国和法国占领，后来划归苏联管辖，由于害怕成为战犯，瓦尔特公司的首脑们携带了大量的枪械设计和加工图纸，秘密从图林根撤离，南下进入美军占领的乌尔姆地区。

1950 年，瓦尔特公司重新注册，开始了二次创业。但由于盟军的限制，很长一段时间内没能再生产武器。

实战性能

P38 手枪是二战时期性价比最高的手枪，保险安全可靠，性能稳定。除此之外，瓦尔特 P38 为史上第一种采用闭锁式枪膛的手枪，射手能够预先在膛室内装入 1 发子弹，并以待击解脱杆把击锤拉回安全位置。在双动模式时，膛室内有 1 发子弹的情况下，射手只需扣动扳机就可以开火。

趣味小知识

P38 手枪有着更先进的闭锁系统，更安全的保险系统，以及更具魅力的外形，可装载 8 发 9 毫米子弹。除此之外，狙击型 P38 最早出现在电影《007》系列第一部，加装了消音筒、光学瞄具和狙击架。

德国毛瑟 HSC 手枪

HSC 手枪是由德国毛瑟公司设计生产的一款半自动手枪，属袖珍型手枪，该手枪很多活动件都具备两个或两个以上功能。

枪口特写

扳机特写

研发历史

HSC 手枪流线型的外观使其具有强大的视觉冲击感，使用 7.65 毫米弹药，威力较大，因此受到高度评价。不过该枪在市场竞争中败于瓦尔特双动系列手枪，于是，毛瑟公司开始改进 HSC 手枪，改进后的 HSC 手枪于 1940 年开始生产。二战期间，德国军队和警方曾大量装备这种手枪，尽管精加工受当时条件的限制，但它仍不失为一种设计合理、操作良好的手枪。

基本参数	
口径	7.65 毫米
全长	165 毫米
重量	700 克
枪口初速	290 米／秒
弹容量	8 发
相关简介	

实战性能

HSC 手枪是一种双动型手枪，外形十分独特，该枪采用击锤回转击发，自动方式为自由枪机式，双动扳机设计。因为扳机是双动，所以扳机可以处于两个位置：一个是双动击发位置，另一个是更加靠后的单动击发位置。套筒座尾部的外露击锤十分小巧，这个设计也是为了让射手能够把枪隐藏到口袋里，并且拔出时击锤时不会被衣服挂住。

趣味小知识

HSC 手枪是为对应瓦尔特 PP 手枪的挑战而生产的，1945 年以前的产品主要供军用，1964 年以后的产品则主要供民用。

德国 P1 手枪

瓦尔特 P1 手枪在二战期间被广泛采用，尽管该枪的出现是为了取代成本昂贵的鲁格 P08 手枪，然而直到二战结束时也没有完全取代它。

基本参数	
口径	9 毫米
全长	218 毫米
重量	772 克
枪口初速	350 米 / 秒
弹容量	8 发
相关简介	

研发历史

1950 年，瓦尔特公司在德国乌尔姆重新建立。而此时德国因受到美、苏对立的影响，分裂成了东德和西德，西德为了大量装备西德军队，需要在国内生产军用手枪。此时，瓦尔特公司一马当先，决定用这个机会大捞一笔，并想以此来恢复曾经的荣耀。

瓦尔特公司将战前德军制式 P38 手枪与校官标准手枪 (PP/PPK) 分别重新设计并生产。后来，这 3 种枪都被选作军用制式，分别命

扳机特写

名为 P1、P21 和 P22。其中，P1 手枪加工优良，自 1956 年采用以来，长期作为西德军队主要军用手枪。

实战性能

P1 手枪虽然加工优良，但结构复杂、成本高、双动机构调整困难，枪管从套筒突出的整体配置方式陈旧，而且制造上相当麻烦。手枪自动方式为枪管短后坐式，闭锁方式为闭锁卡铁式，能够单 / 双动击发。

德国 HK VP70 手枪

HK VP70 手枪是 HK 公司设计生产的一款新颖的、结构特殊的半自动手枪，枪身采用聚合物料制造。

扳机特写

握把特写

研发历史

HK VP70 手枪是德国黑克勒·科赫于 20 世纪 60 年代研制的自动手枪，VP 是德文 Volkspistole 的缩写，意为"人民手枪"。70 是指正式公开的年份 1970 年，不过正式推向市场是在 1973 年。VP70 有两个型号，即军用型 VP70M 和民用型 VP70Z。除了普遍的 9×19 毫米口径外，VP70 还有一种 9×21 毫米口径，产量较少且大多数销往美国。

基本参数	
口径	9 毫米
全长	204 毫米
重量	820 克
枪口初速	360 米 / 秒
弹容量	18 发
相关简介	

实战性能

HK VP70 手枪为纯双动式扳机设计，为避免新手使用时发生走火的意外，因此扳机扣力较重。然而，因其扳机扣动较为吃力，而且扣动距离过长，所以使射手反而难以进行准确瞄准。除此之外，该手枪单手射击时，可作为手枪使用；当将枪套作为枪托使用时，可作为冲锋枪使用，还能进行三点发射击，其射速达到 2 200 发 / 分。

趣味小知识

大部分人认为奥地利格洛克是第一种聚合物料制造的手枪，空枪重 820 克，但其实第一种以聚合物料制造的手枪是 HK VP70 手枪。

德国 HK P7 手枪

HK P7 手枪是德国黑克勒·科赫公司研制的一种半自动手枪，其设计独特，采用了气体延迟反冲原理和握把保险装置。

扳机特写

握把特写

研发历史

20 世纪 70 年代，恐怖分子相当猖獗，并且装备着高端武器。为了能够打压这些恐怖分子，德国警方对警用型自动手枪提出火力强大、操作迅速快捷等要求。在此背景下，HK P7 手枪应运而生。

基本参数	
口径	9 毫米
全长	166 毫米
重量	785 克
枪口初速	351 米 / 秒
弹容量	8 发
相关简介	

实战性能

HK P7 手枪与大部分半自动手枪不同，它背离了传统手枪的结构设计。采用气体延迟式闭锁机构。此外，该枪弹膛有弹情况下也可以安全携带，在需要快速出枪时又可以立即解除保险进行射击。这种独特的导气式延迟开锁机构、握把保险和击发机构，使 HK P7 手枪不仅设计风格独树一帜，其性能更是鹤立鸡群。

趣味小知识

HK P7 是由 HK 公司生产的一款手枪，不仅在德国警察、军队中服役相当长的时间，至今英国特别空勤团、美国三角洲特种部队、美国中情局等众多著名部队、机构都在使用。

德国瓦尔特 P99 手枪

P99 手枪是瓦尔特公司产品的里程碑，该手枪采用后坐作用原理运作，标准版装有单双动扳机。

枪管特写

基本参数	
口径	9 毫米
全长	180 毫米
重量	630 克
枪口初速	408 米 / 秒
弹容量	10/16 发
相关简介	

⭐ 研发历史

扳机特写

P99 手枪是由德国瓦尔特公司制造的半自动手枪，是 P5 及 P88 手枪的后继产品。该枪以 P88 手枪的结构改进而成，在 1994 年开始设计，1997 年正式推出。被世界多个国家的警察、军队及民间用户采购。

⭐ 实战性能

使用过的射手认为 P99 手枪极为可靠，特别是 9 毫米型精度很高，双排弹匣也大大提高了战斗中的火力持续性，而且握把很舒适。此外，P99 手枪的握把采用聚合物制作而成，滑套为经过氮化的钢材制作，滑套表面的硬度极高，具有很强的抗磨损、抗金属疲劳和抗锈蚀性。

趣味小知识

在过去 30 多年中，著名的间谍电影《007》系列中主角詹姆斯·邦德的随身武器一直是瓦尔特 PPK 袖珍手枪，这把手枪一直传到了第 5 代邦德——皮尔斯·布鲁斯南手上，但是布鲁斯南主演的第二部《007》电影《明日帝国》中，他手上的武器换成一把让人眼前一亮的漂亮新手枪——瓦尔特 P99。

德国 HK Mk 23 Mod 0 手枪

HK Mk 23 Mod 0 手枪是一款在 1991 年由德国枪械制造商黑克勒 – 科赫枪械设计师海穆特·威尔多所设计生产的半自动手枪，设计上是用作美军特种部队的专属手枪。

枪口特写

扳机特写

基本参数	
口径	11.43 毫米
全长	245 毫米
重量	1 210 克
枪口初速	260 米 / 秒
弹容量	12 发
相关简介	

⬛⬛⬛⬛▷ 研发历史

1989 年，按照美国特种部队司令部的要求，HK 公司设计了一种新型手枪，正式名称为 Mark 23 Mod 0。1991 年，HK Mk 23 Mod 0 手枪和另外一种手枪柯尔特 OHWS，在美国特种部队司令部进行了竞标。

⬛⬛⬛⬛▷ 实战性能

HK Mk 23 Mod 0 手枪进行了一连串严格测试之后，证明了 HK MK23 Mod 0 在恶劣环境下不仅有着很高的耐久性、防水性和耐腐蚀性，而且能发射数万发子弹，枪管不会损坏或需要更换，完全符合特种部队作战的要求。除此之外，HK Mk 23 Mod 0 手枪使用一条特制的六边形设计枪管，目的在于提高准确性和耐用性。

趣味小知识

HK Mk 23 Mod 0 手枪被定位为一把比赛级军用手枪，在最初的美国市场之中，HK Mk 23 Mod 0 只准出售 10 发弹匣，以符合美国在 1994 年颁布的暴力犯罪控制和禁止攻击武器条款。由于该条款已于 2004 年 9 月过期，因此 HK Mk 23 Mod 0 枪可以使用美国特种部队司令部使用的 12 发弹匣。

德国 HK 45 手枪

HK 45 手枪是由德国枪械制造商黑克勒 – 科赫于 2006 年设计、2007 年生产的半自动手枪，并借用了一些 P30 手枪的改进要素。

握把特写

扳机特写

基本参数	
口径	11.43 毫米
全长	191 毫米
重量	784 克
枪口初速	260 米 / 秒
弹容量	10 发
相关简介	

研发历史

HK 45 手枪的设计目的是满足美军"联合战斗手枪"计划之中的各项规定。该计划打算为美国特种部队更换一种可以发射 11.43 毫米口径 ACP 普通弹、比赛级弹和高压弹的半自动手枪，并且取代 M9 手枪。不过，"联合战斗手枪"计划在 2006 年被中止，目前 M9 手枪仍然是美军的制式手枪。但 HK 公司继续改进 HK 45，并把它投入商业、执法机关和军事团体的市场。

实战性能

HK 45 为了适应更小、更符合人体工学的手枪握把，该手枪使用的是容量 10 发的专用可拆式双排弹匣。此外，HK 45 手枪还大量使用了新型材料和新技术加工工艺，加上良好的人机工效设计，从而使该枪的操作十分方便快捷，并且具有优良的功能扩展性，当然使用该手枪的用户也极多，其主要被美国海军特种作战司令部、美国海军特种作战研究大队、海豹部队等使用。

趣味小知识

HK 45 手枪分解以后只有 5 大部件：套筒组件、枪管组件、复进簧组件、握把组件和弹匣组件，没有细小、容易丢失的零件。其射击精度可以媲美比赛级手枪，因此，HK45 可说是"世界最强的战斗手枪"。

德国 HK P2000 手枪

HK P2000 是 2001 年年底由 HK 公司设计和生产的一款半自动手枪，目前已被德国联邦警察、联邦特工以及美国海关和边境保卫局采用。

枪口特写

握把特写

研发历史

HK P2000 手枪是 HK 公司于 2001 年在紧凑型 USP 手枪的基础上研制而来，主要用于执法机关、准军事和民用市场。它所具有的特点是，减少了操作时所造成的压力，并同时增加使用者操作和射击时的舒适度。

实战性能

HK P2000 手枪采用模组化设计，以适应不同使用者的需要。另外，HK P2000 手枪还装有非常灵巧的套筒锁和弹匣卡笋，安装在扳机护圈附近的两侧，两手皆可让拇指舒服地操作，进而可快速识别弹量和更换弹匣。

基本参数	
口径	9 毫米
全长	173 毫米
重量	620 克
枪口初速	355 米 / 秒
弹容量	10/12 发
相关简介	

趣味小知识

HK P2000 手枪跟随现代手枪设计趋势，为了减轻枪的重量和生产成本，大量采用耐高温、耐磨损的聚合物和钢材混合材料。

德国 HK USP 手枪

HK USP 是 HK 公司研发的一种半自动手枪，该枪性能优秀，被世界多个国家的军队和警察作为制式武器。

扳机特写

握把特写

研发历史

20 世纪中后期，HK 公司先后推出了不少性能优秀的手枪，例如，HK4、P7 和 P9S 手枪等。这些手枪占据了德国军警大部分市场，也为 HK 公司带来了大量的金钱收入。但是该公司并没有因此骄傲自满，反而是静心"修炼"以便设计出更好的手枪。另外，20 世纪 90 年代，手枪开始偏向轻量化，采用聚合物料。于是，HK 公司为能跟上潮流，抢占市场，推出了 HK USP 手枪。

基本参数	
口径	9 毫米
全长	194 毫米
重量	748 克
枪口初速	285 米 / 秒
弹容量	15 发
相关简介	

实战性能

HK USP 手枪的结构合理，动作可靠。该枪金属零部件耐腐蚀，其外表面有很硬的黑色渗碳氮化氧化保护层，既可防腐蚀，又能减少摩擦阻力。不仅如此，HK USP 手枪还可加装多种战术组件，大大增强了其在特殊环境下的作战性能。

趣味小知识

HK USP 手枪由枪管、套筒、套筒座、复进簧组件和弹匣 5 个部分组成，共有 53 个零部件。

美国 M1911 手枪

M1911 手枪是美国柯尔特公司于 20 世纪初研制的半自动手枪,该手枪是世界上装备时间最长、数量最多的手枪之一。

枪口特写

扳机特写

研发历史

M1911 手枪的研制计划可以追溯到 19 世纪末,美军在菲律宾和当地人发生的武装冲突,当时美军装备的柯尔特 9 毫米左轮手枪,但该枪性能不够理想,所以美军便决定研制一种新型手枪来装备其军队。

1907 年,美国正式招标 11.43 毫米手枪作为新一代的军用制式手枪,在对该枪的项目竞标中,柯尔特公司和萨维奇公司的手枪被美国军方选中,最终柯尔特公司获胜。1911 年 3 月 29 日,柯尔特公司的手枪正式成为美国陆军的制式手枪,定型为 M1911。

基本参数	
口径	11.43 毫米
全长	210 毫米
重量	1105 克
枪口初速	251.46 米 / 秒
弹容量	7 发
相关简介	

实战性能

M1911 手枪性能优秀,其 11.43 毫米的大口径能够确保在有效射程内快速让敌人失去战斗能力,而且该手枪的故障率很低,不会在一些关键时刻"掉链子",这两点对手枪来说十分关键。此外,M1911 手枪结构简单,零件数量较少,而且比较容易拆解,方便维护和保养。

趣味小知识

M1911 手枪是由美国著名枪械设计师约翰·勃朗宁研制的一款半自动手枪,1911 年开始服役,曾经是美军在战场上常见的武器,经历了一战、二战以及二战后的多场局部战争。

美国 FP45 "解放者" 手枪

FP45 "解放者" 手枪是一种非常简陋的单发滑膛手枪，这种手枪是二战期间美国战略情报局散发给被轴心国占领地区的抵抗组织所使用的简易武器。

基本参数	
口径	11.43 毫米
全长	141 毫米
重量	454 克
枪口初速	250 米 / 秒
弹容量	单发
相关简介	

研发历史

为了能够在敌军占领区发起反抗，美国陆军在 1942 年设计了一种 FP45 的 "信号枪"，由俄亥俄州代顿通用汽车的大陆制造分公司生产，而简陋的枪管由代顿电冰箱厂生产，由印第安纳州安德森的导航灯公司来装配。经过 300 个工人，用了 6 个多月的时间，将这些零件装配了 100 万支 "解放者" 手枪。因为要避免被敌军侦察到，所以工人们不得不 "三天打鱼，两天晒网"。

实战性能

"解放者" 手枪的枪管制造得非常粗糙，也没有膛线，因此射击精度非常差，再加上每次只打一发，因此使用者往往是拿着一把装好子弹的手枪，潜伏在路边，等待落单的敌人经过时，以迅雷不及掩耳之势跳出来，在极近的距离射击对方要害部位。如果一枪不能干掉敌人，就没有机会再打第二枪了，但是这种枪由于是超近距离射击，所以命中率非常高，几乎是一枪一个。

趣味小知识

"解放者" 手枪虽然外形丑陋，但在美国历史上却有一定的地位。每把 "解放者" 手枪连同 10 发 11.43 毫米口径 ACP 弹和一根小木棍被装在一个涂了石蜡的厚纸板盒内，用小木棍拆开纸盒可以看到一组绘画说明书，就算不识字的人也会按着图画操作。

美国柯尔特"眼镜王蛇"手枪

"眼镜王蛇"手枪是由柯尔特公司设计生产的一款左轮手枪,该手枪是在"骑兵"手枪的基础上改良而成的。

枪弹特写

弹仓特写

研发历史

20 世纪 80 年代, 由于"蟒蛇"手枪的销售市场有所动荡, 柯尔特公司为了稳住自己在左轮手枪上的地位, 便决定开发另一款新型的左轮手枪。由于 19 世纪的"骑兵"以及 M1851"海军"左轮手枪深受人们喜爱, 所以 1986 年柯尔特公司以"骑兵"手枪为基础, 推出了"眼镜王蛇"手枪。

基本参数	
口径	9 毫米
全长	191 毫米
重量	1 191 克
枪口初速	430 米 / 秒
弹容量	6 发
相关简介	

实战性能

"眼镜王蛇"手枪性能可靠, 具有强大的火力, 且用途也十分广泛, 主要用途是瞄准射击、自我防卫和狩猎。

趣味小知识

"眼镜王蛇"手枪与"蟒蛇"手枪相比, 它使用了更现代化的材料, 虽然重量有所增加, 但其性能并未受到任何影响, 甚至在可靠性和火力方面都得到了提升。

美国柯尔特"蟒蛇"手枪

"蟒蛇"手枪是由柯尔特公司设计生产的一款左轮手枪，该枪具有精确的战斗型机械瞄具和顺畅的扳机。"蟒蛇"手枪主要面向民间用户，美国执法机关曾少量装备。

扳机特写

弹仓特写

★ 研发历史

在设计"蟒蛇"手枪的时候，最初的想法是准备把该枪设计为一种加强型底把的 9.65 毫米口径特种单 / 双动击发的比赛级左轮手枪，结果由于偶然的决定，最后造就了一支以精度和威力著称的 9 毫米口径经典左轮手枪。1955 年，柯尔特公司正式生产并推出了这款 9 毫米口径"蟒蛇"左轮手枪。

基本参数	
口径	9 毫米
全长	203 毫米
重量	935.5 克
枪口初速	400 米 / 秒
弹容量	6 发
相关简介	

★ 实战性能

"蟒蛇"手枪的扳机在完全扳上时，弹巢会闭锁，以便于撞击子弹底火，此外，弹巢和击锤之间相差的距离较短，使扣下扳机和发射之间的距离缩短，以提高射击精度和速度。

趣味小知识

"蟒蛇"手枪被历史学家威尔逊称为"柯尔特左轮手枪中的劳斯莱斯"，枪械历史学家伊恩•霍格也曾经形容它是"世界上最佳的左轮手枪"。

美国 Bren Ten 手枪

Bren Ten 手枪是在捷克斯洛伐克的 CZ-75 手枪的基础上改进而来，其结构原理和 CZ-75 手枪大体相同，但略微有所改进。

握把特写

扳机特写

基本参数	
口径	10 毫米
全长	222 毫米
重量	1 100 克
枪口初速	410 米 / 秒
弹容量	8/10 发
相关简介	

▌▌▌▌★ ▶ 研发历史

1979 年，名叫托马斯·多诺斯和迈克尔·迪克逊的两个美国人突发奇想决定设计一种前所未有的半自动手枪，让其既有左轮手枪的威力，也不会因此使握把显得过于庞大。1980 年 1 月 15 日，这两个人去向枪械专家杰夫·库珀寻求建议。

正巧，杰夫·库珀也有意设计这样一种新型手枪，于是三个人一拍即合，由多诺斯和迪克逊负责工程、研制、生产和销售，库珀则提供概念性设计和技术咨询。在 1981 年 7 月 15 日，他们以 CZ-75 手枪为基础进行改进，包括采用不锈钢结构、便于快速瞄准的战斗瞄具，以及其他的功能。在 1982 年，他们最终成功设计出一种 10 毫米口径的自动手枪子弹，并推出了发射这种手枪子弹的手枪，命名为 Bren Ten。

▌▌▌▌★ ▶ 实战性能

Bren Ten 手枪是一种颇有争议的武器，许多爱好者认为它是当时最好的手枪之一。但因其质量控制不太好，且由于生产数量太少，所以这种手枪在维修时很难找到新的弹匣或配件。

> **趣味小知识**
>
> 为了推销 Bren Ten 手枪，多诺斯和迪克逊专门为电视剧《迈阿密风云》造了两把发射 .45 ACP 空包弹的道具枪，表面处理比市售型号更漂亮。

美国 M9 手枪

M9 手枪是意大利伯莱塔公司于 20 世纪 80 年代为美军设计的一款半自动手枪，由意大利伯莱塔 92F 及伯莱塔 92FS 衍生而成。

扳机特写

握把特写

研发历史

1978 年，美国空军提出需要采用一种新的 9 毫米口径半自动手枪，用以取代老旧的 M1911 手枪，多家著名枪械公司参加了选型试验。1980 年，美国空军官方宣布伯莱塔公司的 92S-1 手枪比其他公司的略好。此时，美国其他军种也正好需要寻找新的辅助武器。

因此，更严格的一轮试验又开始了，伯莱塔公司送交的型号为 92SBF，之后更名为 92F。1985 年 1 月，美国陆军宣布伯莱塔 92F 胜出，并将其选为制式手枪，正式命名为 M9。

基本参数	
口径	9 毫米
全长	217 毫米
重量	952 克
枪口初速	353.56 米 / 秒
弹容量	15 发
相关简介	

实战性能

M9 手枪在风沙、尘土、泥浆及水中等恶劣战斗条件下适应性强，其枪管的使用寿命高达 10 000 发。从 1.2 米高处落在坚硬的地面上不会出现偶发，一旦在战斗损坏时，较大故障的平均修理时间不超过半小时，小故障不超过 10 分钟。

趣味小知识

M9 手枪于 1985 年被美军选为制式手枪，此后各个军种的特种部队均有使用。2003 年，美国军方推出了 M9 的改进型，名为 M9A1，主要加入了皮卡汀尼导轨以对应战术灯、激光指示器及其他附件。

美国 MEU（SOC）手枪

MEU(SOC) 手枪官方命名为 M-45 MEUSOC，是一种气冷式、弹匣供弹、枪管短行程后坐作用、单动操作的半自动手枪。

扳机特写

基本参数	
口径	11.43 毫米
全长	209.55 毫米
重量	1 105 克
枪口初速	252.98 米/秒
弹容量	7 发
相关简介	

研发历史

M45 手枪无论从外部结构还是作战性能，都能在手枪界排上名次，但是对于美国海军陆战队的成员来说，比起 M9 手枪他们更喜欢 M1911 手枪。

20 世纪 80 年代末期，美国海军陆战队上校罗伯特·杨对 M1911 手枪提出了一系列的改善，以适合 21 世纪的战场。1986 年，美国精密武器分部和陆战队步枪分队装备商接受 M1911 改造工作，这些改造的 M1911 手枪没有正式的定型，一律称为 MEU(SOC) 手枪或 MEU 手枪。

实战性能

MEU（SOC）手枪的组件都是由手工装配，所以不能互换。武器的序列号的最后四个数字分别印在枪管的顶部和套筒部件的右侧。早期的套筒在前端没有防滑纹，主要是为了便于射手轻推套筒来确认枪膛内是否有弹，新的套筒在前面增加了防滑纹。该枪安装了一个纤维材料的后坐缓冲器，缓冲器可以降低后坐感，在速射时比较有利。

趣味小知识

MEU(SOC) 手枪是以军方原来发配给部队的柯尔特 M1911A1 政府型手枪作为基础，在弗吉尼亚州的美国海军陆战队精确武器工场经过人手挑选、分解、清理毛刺以及做好装上新部件准备。

美国鲁格"阿拉斯加人"手枪

　　"阿拉斯加人"手枪是美国鲁格公司以 1999 年推出的"超级红鹰"系列左轮手枪为基础改进的大口径短枪管左轮手枪，其设计理念是"世界上口径最大的短枪管左轮手枪"。

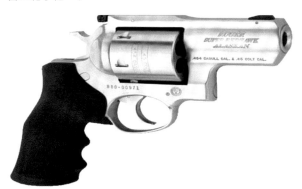

弹仓特写

手枪局部特写

研发历史

　　"阿拉斯加人"手枪枪管长度只有 63 毫米，如果从枪口正面观察该枪，可隐隐约约看到大口径枪弹弹头，给人一种不寒而栗的感觉。史密斯－韦森公司曾推出世界上威力最大的左轮手枪 M500。该枪采用长达 2 120 毫米的枪管，由于后坐力过大，很多美国人都对其敬而远之。"阿拉斯加人"左轮手枪也想坐上"世界第一大威力手枪"的宝座，但是想要驾驭它并不是那么简单，理由和 M500 左轮手枪一样，后坐力太大。

基本参数	
口径	11.17 毫米
全长	190 毫米
重量	1 200 克
枪口初速	427 米 / 秒
弹容量	6 发
相关简介	

实战性能

　　生活在美国北部山区地带的阿拉斯加人是该枪的忠实拥护者，因为在这个远离城市的地区，外出行走可能会遇到野兽，而一把大威力手枪可以保护自己。此外，在这里盛行各种实弹射击比赛，因此适当的大威力手枪成了人们的最佳选择。

趣味小知识

　　2005 年的美国手枪展会上，鲁格公司推出了"阿拉斯加人"左轮手枪，由于枪管粗短，使人联想到古代的白炮或信号手枪。"阿拉斯加人"手枪的主要销售对象是野外活动爱好者，作为他们在野外的自卫用枪。

美国鲁格 P345 手枪

鲁格公司一改以往的手枪风格，推出了 P345 手枪，给人一种耳目一新的感觉。P345 手枪的套筒座前部装有导轨，保险机构设计新颖，是市场上最具安全性的手枪之一。

基本参数	
口径	11.43 毫米
全长	194 毫米
重量	832 克
枪口初速	241 米 / 秒
弹容量	8 发
相关简介	

研发历史

鲁格公司最早的手枪是 P85 手枪，该手枪实用性超群，但外形很一般。另外美国进口的格洛克公司、SIG 公司和 HK 公司的手枪零售价均在 500 美元以上，而本土的鲁格 P85 手枪零售价只有 295 美元，这让鲁格公司觉得 P85 能在手枪市场占有一席之地，凭借的是超便宜的价格。为了扭转局面，鲁格公司遵循手枪性能好、美观、便宜这一宗旨开发了新一代产品——P345 手枪。该枪在美国市场的零售价格为 548 美元，比格洛克 37 的 562 美元略低。

实战性能

在操作安全性方面，P345 手枪优于格洛克 37 手枪。P345 手枪的握把适于大部分射手握持，但握把的倾斜度不够，连续射击时不容易控制。格洛克 37 手枪的弹匣可装入 9 发枪弹，比 P345 手枪多 1 发。另外，格洛克 37 使用的枪弹的质量较小，可高速、高动能发射。

趣味小知识

美国军警部门虽然重视格洛克、伯莱塔等老品牌手枪，但也充分考虑到 P345 手枪的新颖性，特别是受到了手掌较小以及初级使用者的喜爱。

美国史密斯 - 韦森 M29 手枪

M29 手枪是由史密斯 - 韦森公司设计生产的一款 6 发式左轮手枪。

枪管特写

扳机特写

研发历史

20 世纪 50 年代，在美国，许多人热爱野外射击运动，比如，在野外猎杀一些大型食肉动物，不过当时的人们没有太多威力适中，且性能优秀的小型武器。史密斯 - 韦森公司针对这一情况，开始研发一款专门用于大型危险狩猎射击运动的武器。随后，1957 年，史密斯 - 韦森公司考察了不同的野外环境，结合客户反馈的有用信息，设计出了 M29 左轮手枪。

基本参数	
口径	10.9 毫米
全长	240 毫米
重量	1 177 克
枪口初速	448 米／秒
弹容量	6 发
相关简介	

实战性能

M29 手枪在猎杀野猪和黑熊等大型动物时效果很好，其加长的弹壳增大了装药量，使初速、动能都比一般的子弹要大。不仅如此，M29 手枪结构简单，所用的零件数量也较少，但是其破坏力相当大，且安全可靠，适用于近距离的应急自卫。

趣味小知识

M29 手枪设计的初衷是用于野外射击，但由于性能比较突出，所以也大受一些执法部门的欢迎，该枪装备于美国军警界，尤其是美国警匪电影中经常出现此枪。

美国史密斯－韦森 M60 手枪

M60 手枪是由史密斯－韦森公司设计生产的一款 5 发式左轮手枪。

弹仓特写

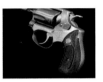

扳机特写

研发历史

　　柯尔特公司在美国是设计制造左轮手枪的"专业户"，其设计技术和资金实力都毋庸置疑，能与之匹敌的是史密斯－韦森公司，该公司成立于 1852 年。在历经一战、二战和多次局部战争之后，这两家"左轮公司"在设计左轮手枪这一领域的经验和技术更上一个台阶，推出了不同用途、各种型号的左轮手枪。1955 年，柯尔特公司推出了"蟒蛇"左轮手枪，并引起了不小的轰动，占据了大量的"左轮"销售市场。与此同时，史密斯－韦森公司也不甘示弱，于 1965 年推出了 M60 左轮手枪。

基本参数	
口径	9 毫米
全长	127 毫米
重量	637.8 克
枪口初速	325 米 / 秒
弹容量	5 发
相关简介	

实战性能

　　M60 手枪的枪管与枪身的其余部分恰成比例，给人舒适的手感。不仅如此，M60 手枪在野外狩猎或者进行射击运动时，也是一个绝佳的选择，射手可以根据不同情况，换用 .38 特种弹或 .357 马格努姆弹。

趣味小知识

　　M60 手枪为了安全，在转轮解脱杆正上方设有一个锁定装置，将钥匙插入锁定装置中，顺时针转动就能够使用该枪了。

美国史密斯 – 韦森 M500 手枪

　　M500 手枪是由美国枪械公司史密斯 – 韦森研制及生产的一款 5 发式左轮手枪，该枪主要用于狩猎大型猎物，而非用于军事用途。

枪口特写

扳机特写

研发历史

　　由于 M1935 手枪以及"沙漠之鹰"手枪一直在可靠性和稳定性的基础上追求大威力，而且，从影视、游戏行业到民间射击比赛，都可见到大威力手枪的身影，致使专攻左轮手枪的史密斯 – 韦森公司也想打入这一类手枪市场。21 世纪初期，史密斯 – 韦森公司正式开始研制一款大威力手枪，它们的设计理念是：设计出一款威力不亚于甚至超越所有现有的大威力手枪。经过几年的钻研，史密斯 – 韦森公司最终于 2003 推出了预想中的大威力手枪——M500 左轮手枪。

基本参数	
口径	12.7 毫米
全长	228.6 毫米
重量	1 550 克
枪口初速	632 米 / 秒
弹容量	5 发
相关简介	

实战性能

　　M500 手枪发射 12.7 毫米马格努姆大威力手枪弹，该手枪所发射的子弹的动能更是其他手枪无法比拟的，其威力已经达到枪弹的动能，称为手枪实在太小觑了它。

趣味小知识

　　M500 手枪虽然发射子弹的威力较大，但是该手枪的先进设计有助于减少持枪者的后坐感。这些设计主要包括超重的枪身、橡胶底把、配重块以及特别设计的枪口制退器等。

美国 Grizzly 手枪

Grizzly 手枪是佩里•阿内特设计、L.A.R. 公司（公司名字来源于三位创办人名字的缩写：Larisch、Augat 和 Robinson）生产的一款半自动手枪。

枪弹特写

扳机特写

研发历史

20 世纪 80 年代，有一股大威力手枪的热潮，引发了新老手枪设计师的一场明争暗斗，人人都想在这次竞争中脱颖而出。在众多的手枪设计师中，温文尔雅，谈吐之间透露着贵族气息的佩里•阿内特，但设计思想却不同寻常，同时也有着不一般的商业头脑。当时美军使用的 M1911 手枪异常热火，军、警乃至平民，都十分喜爱这款手枪。佩里•阿内特看到了商机，他将 M1911 手枪口径放大，推出了该手枪的大威力版本——Grizzly 手枪。

基本参数	
口径	12.7 毫米
全长	260.35 毫米
重量	1 360 克
枪口初速	426 米 / 秒
弹容量	7 发
相关简介	

实战性能

Grizzly 手枪以准确性、高质量和凶猛的后坐力而闻名，也因此，这些手枪经常需要更换复进簧，大约每 1000 发换一次。为了抵消巨大的后坐力和枪口上跳，用户可选用枪口制退器或枪口补偿器。不过虽然打得很准且威力很大，但也正因如此，该枪过于巨大和沉重而不适合自卫携带，且后坐力和握把都太大，不适用于战斗射击。因此 Grizzly 手枪主要用于狩猎和轮廓射击。

趣味小知识

Grizzly 手枪外观上主要模仿柯尔特 M1911A1 的设计，主要区别在于加长的枪管、直角形扳机护圈和可微调的照门。

美国鲁格 LCP 手枪

LCP 手枪是美国鲁格公司设计生产的一款半自动手枪，属袖珍类防卫武器。

扳机特写

研发历史

进入 21 世纪后，世界各国各大军工企业都埋头苦干研发新型武器，以便在新型战场上霸占军警销售市场。这些大牌军工企业带来的产品层出不穷，大到单兵便携式火箭筒，小到自卫、格斗冷兵器，所使用的材料和制造技术都是响当当的。而一直对手枪情有独钟的鲁格公司，并未花太多精力去研发大型武器，以及使用率不及热兵器的刀具类，还是坚持着自己的手枪行业。2008 年，美国武器展览会中，鲁格公司展出了一款轻巧紧凑型手枪——LCP 手枪。

基本参数	
口径	9 毫米
全长	131 毫米
重量	270 克
枪口初速	276 米／秒
弹容量	6 发
相关简介	

实战性能

LCP 手枪的质量很轻，因此非常便于放在踝部枪套或是手包中携带，当然过于轻小的枪身也为瞄准带来了麻烦，在稍远距离上的散布较大，但是握把上的防滑纹能够稍微克服这一缺点。

趣味小知识

LCP 手枪在不到 8 个月的时间内完成了从设计到推出样枪的全过程，其开发时间之短令人惊叹。LCP 手枪虽然不是以射击精度见长，但是作为一种微型自卫武器，它的精度还算不错。

俄罗斯 TT-30 手枪

TT-30 手枪是由苏联著名枪械设计师托卡列夫于 1930 年设计，茨拉兵工厂生产的一种半自动手枪。该手枪于 1930 年被苏联采用，成为苏联的军用制式手枪，但目前已被淘汰。

握把特写

扳机特写

研发历史

1920 年，苏联使用的手枪绝大部分是从德国购入的毛瑟 C96 手枪，这种手枪因采用火力强大的 7.63×25 毫米枪弹而深受苏联红军青睐。为了提升士兵士气，打压"崇洋媚外"的心态，1930 年，苏联革命议会要求设计本土的新型手枪。1931 年，托卡列夫设计了一款新型手枪，也就是 TT-30 手枪。此枪一出，便赢得了众多士兵的喜爱，于是被选中为苏军制式手枪。

基本参数	
口径	7.62 毫米
全长	196 毫米
重量	840 克
枪口初速	420 米／秒
弹容量	8 发
相关简介	

实战性能

TT-30 手枪使用 7.62×25 毫米口径手枪子弹，是一支很出色的军用手枪。该枪由于威力大，精度高，穿透力强，结构简单、紧凑，动作可靠，使用方便，所以被苏军官兵称为忠实的伙伴，除此之外，TT-30 手枪在战争中的表现也十分出色。

趣味小知识

1954 年苏联停止了 TT-30 的生产后，便把生产设备卖给多个友好国家，并允许他们进行仿制，有些国家至今仍在生产及采用。20 世纪 80 年代，TT-30 仍在多个国家的军警中服役或用作储备，包括俄罗斯及乌克兰。

俄罗斯 APS 手枪

APS 手枪是苏联于 20 世纪 50 年代研制的冲锋手枪，也常常被称为斯捷奇金手枪，1951 年与马卡洛夫 PM 手枪一起被苏联军队采用。

扳机特写

枪托特写

研发历史

二战结束后，苏联提出了为军事人员个人防卫，研制一种能全自动射击的大型军用手枪。1948 年，伊戈尔·斯捷奇金正式接受了设计这种新型手枪的任务。

该手枪的设计要求是要能够发射新的 9×18 毫米马卡洛夫手枪弹，进行半自动、全自动射击和可以驳接枪托，并且在全自动射击时容易操控。随后伊戈尔·斯捷奇金根据这些苛刻的要求设计出了 APS 手枪。

基本参数	
口径	9 毫米
全长	225 毫米
重量	1 220 克
枪口初速	340 米 / 秒
弹容量	20 发
相关简介	

实战性能

为了在全自动射击时容易控制，APS 手枪在握把内安装了一个插棒式弹簧缓冲器，并把套筒后坐行程延长到相当于马卡洛夫手枪弹长度的 2 倍，使理论射速降低到 600 发 / 分。除此之外，为了进一步增大射程和提高全自动射击时的散布精度，APS 手枪采用了一种可驳接到手枪上充当枪托的硬壳式枪套，可以通过腰带卡把枪套挂在腰上，还能通过手枪握把尾端的引导槽驳接枪套，当作枪托使用。

趣味小知识

APS 手枪在 1953 年至 1954 年大量装备给苏军的炮兵、坦克 / 装甲输送车的车组、步兵中的 RPG-7 射手、前线军官等军事人员，成为世界上唯一被列为制式军用装备的冲锋手枪。

俄罗斯马卡洛夫 PM 手枪

马卡洛夫 PM 手枪由尼古拉·马卡洛夫设计，20 世纪 50 年代初成为苏联军队的制式手枪，1991 年开始逐渐退出现役，但目前仍在俄罗斯和其他许多国家的军队及执法部门被大量使用。

枪口特写

扳机特写

研发历史

1950 年，苏联军事专家马卡洛夫发现手枪在战场上的使用率极低，这是因为手枪通常提供给军官自卫之用，当时装备的托卡列夫手枪的体积过大使用不便，而且老款手枪的设计已经显得过时。于是，马卡洛夫便以德国的瓦尔特 PPK 手枪为基础，研制出了马卡洛夫 PM 手枪。

基本参数	
口径	9 毫米
全长	161.5 毫米
重量	730 克
枪口初速	315 米 / 秒
弹容量	8 发
相关简介	

实战性能

马卡洛夫 PM 手枪采用自由枪机式自动方式，结构比较简单，具有质量小、体积小和便于携带等优点。该手枪采用由固定式片状准星和缺口式照门，在 15 ~ 20 米时有最佳的射击精度和杀伤力，其钢制弹匣可装 8 发手枪弹，弹匣壁镂空，不仅减轻了重量，同时也便于观察余弹数，并有空仓挂机能力。

趣味小知识

2003 年，马卡洛夫 PM 手枪正式被新的 MP-443 乌鸦式手枪代替，但在逐步淘汰之前仍然有相当多的数量在俄罗斯的军队和执法机构服役。

俄罗斯 MP-443 手枪

MP-443 手枪是由俄罗斯枪械设计师弗拉基米尔•亚雷金设计、卡拉什尼科夫集团生产的半自动手枪，发射多种 9×19 毫米鲁格弹。

弹匣特写

扳机特写

研发历史

马卡洛夫手枪跟随苏联军队南征北战无数个年头，枪械对于士兵来说就像情人一样，多少年来，陪伴在这些士兵身边的"情人"总是一成不变的。20 世纪 80 年代中期，苏联军方决定开发一款新型手枪，以取代过去的马卡洛夫手枪。军方把该任务下达了苏联最大的手枪生产基地——伊热夫斯克政府兵工厂。

在接到军方下达的任务后，伊热夫斯克政府兵工厂的优秀枪械设计师聚在一起，经过一段时间的探讨，终于设计出了两款手枪，MP-443 手枪和 MP-446 手枪。俄军进行制式手枪选型试验时，最后选用 MP-443 作为新一代军用制式手枪，而 MP-446 被作为民用手枪。

基本参数	
口径	9 毫米
全长	198 毫米
重量	950 克
枪口初速	465 米/秒
弹容量	17 发
相关简介	

实战性能

MP-443 手枪能够单/双动发射，在握把上方左右两侧成对配置手动保险杆，左右手均可操作。此外，MP-443 手枪使用 17 发大容量弹匣，为双排左右交错排列。总体而言，MP-443 手枪符合人体工程学，安全性极高。

俄罗斯 SR-1 "维克多" 手枪

SR-1 "维克多" 是由俄罗斯联邦枪械设计师彼得·谢尔久科夫和伊戈尔·别利亚耶夫领导设计的一款半自动手枪。据曾使用过这把手枪的枪手指出，SR-1 "维克多" 手枪的握把相对于俄罗斯人平均的手掌大小而言过大。

基本参数	
口径	9 毫米
全长	195 毫米
重量	950 克
枪口初速	420 米 / 秒
弹容量	18 发
相关简介	

研发历史

1991 年，设计师尤里科夫研制出威力较强的船艉形子弹，编号为 RG052，枪械设计师谢尔久科夫根据该子弹设计出了 RG055 手枪。RG055 手枪由于比传统自卫手枪性能好，所以被俄军安全部门看中，进而改进成了 SR-1 "维克多" 手枪。2003 年 5 月，SR-1 "维克多" 手枪正式列为俄军制式装备。

实战性能

SR-1 "维克多" 手枪可以发射 7N29 手枪穿甲弹、7N28 手枪弹和 7BT3 穿甲曳光手枪弹。发射手枪穿甲弹，在 50 米距离上可穿透汽车侧板，100 米距离上可击穿 1.4 毫米钛钢板或 30 层凯芙拉材料制成的防弹背心。

该枪的有效射程和火力密集度可比冲锋手枪，而射击精度和侵彻效果又好于冲锋手枪。它的优良性能远远超过一般手枪，堪称世界半自动战斗手枪中的上品。除此之外，枪体表面光滑，可迅速从枪套或口袋中取出。

趣味小知识

SR-1 "维克多" 手枪威力较大，可以在 50 米内轻易穿透大多数防弹衣。因其出口型套筒侧面刻有斑蝰蛇图案，所以也被人称为 "斑蝰蛇" 手枪。

俄罗斯 GSh-18 手枪

GSh-18 手枪是在 P96 式手枪的基础上发展而来的，该手枪是专为近距离战斗设计的军用半自动手枪。

握把特写

扳机特写

研发历史

1998 年的夏季，格里亚泽夫等人以 P96 手枪为原型设计了一种新型手枪，也就是 GSh-18 手枪。同年该枪还参加了俄罗斯从 1993 年开始的军队新型手枪试验。两年后，GSh-18 手枪开始进行全方位的测试，测试后又进行了一些改进和完善。2001 年，GSh-18 手枪被俄罗斯司法部特种部队、内政部和军队特种部队所采用，并开始向国外出口。

实战性能

GSh-18 手枪采用了枪管短行程后坐作用，该枪具有体积小、质量轻、弹匣容弹量大和射击稳定性好等优点，是俄罗斯乃至世界新一代军用手枪中的佼佼者。

基本参数	
口径	9 毫米
全长	184 毫米
重量	590 克
枪口初速	535 米/秒
弹容量	18 发
相关简介	

趣味小知识

GSh-18 手枪的名字来源于它的设计者格里亚泽夫和希普诺夫，而数字 18 则表示其弹匣容量。

比利时 FN M1900 手枪

　　FN M1900 手枪是 FN 公司设计生产的一款半自动手枪，也是历史上首款有套筒设计的手枪。

基本参数	
口径	7.65 毫米
全长	172 毫米
重量	625 克
枪口初速	300 米 / 秒
弹容量	8 发
相关简介	

研发历史

　　1896 年，勃朗宁设计出了一种 7.65×17 毫米口径的枪弹，该枪弹到欧洲后获得了比利时 FN 兵工厂的青睐。1899 年，FN 公司与勃朗宁合作开发出了发射7.65×17 毫米口径枪弹的 M1899 手枪，该枪于 1900 年被比利时政府正式采用，定名为 FN M1900。

　　FN M1900 手枪的问世，宣告了非自动手枪时代的终结，同时也宣告了自动手枪时代的兴起。该枪是由勃朗宁设计的，也是其与 FN 公司合作推出的第一支自动手枪。他们为这支手枪设计了一个独特的旗标，其图案直接采用了这支手枪的左侧外观图形，并且铭刻在手枪左侧枪管座外平面上。

实战性能

　　FN M1900 手枪结构简单、动作可靠、保险可靠，特别是在战斗使用方便与安全可靠性方面的考虑甚为周到。除此之外，该枪的特别之处是外形扁薄平整、坚实紧凑、简洁明快、大小适中。

趣味小知识

　　FN M1900 手枪的手动保险设在套筒座左侧靠后的地方，当右手握枪时，拇指可以非常方便而平滑地拨动保险。当保险处于下方位置时，其上方露出 FEU 字样，表示解除保险，此时可以拉动套筒，推弹上膛并扣动扳机发射；当保险被拨向上方位置时，其下方露出 SUF 字样，表示手枪处于保险状态，此时不能拉动套筒也扣不动扳机。

比利时 FN M1903 手枪

FN M1903 手枪是以 FN M1900 手枪改良而来的，由比利时 FN 公司及美国的柯尔特公司正式生产。

基本参数	
口径	9 毫米
全长	205 毫米
重量	930 克
枪口初速	320 米 / 秒
弹容量	7 发
相关简介	

▶ 研发历史

继 FN M1900 手枪推出并获得极大成功之后，1903 年，勃朗宁又推出了新力作——勃朗宁 M1903 手枪。虽然 FN M1903 手枪由比利时 FN 公司设计，但美国柯尔特公司也获得了该枪的生产权。柯尔特公司生产的 M1903 手枪比 FN 公司生产的 FN M1903 手枪枪管短 32 毫米。

▶ 实战性能

FN M1903 手枪采用了内置式击锤的发射机构，这种机构有两个优点：一方面，它是通过击发阻铁解脱击锤来打击击针，比平移式击针击发机构要可靠得多，因为击锤通过击锤簧获得的击发能量，要比击针靠击针簧张力进行平移运动击发的能量更大、更稳定；另一方面，内置式击锤的结构布局，满足了当时人们对小型自卫手枪外部总体造型布局的需要。

趣味小知识

FN M1903 手枪具有高可靠性、高准确度、重量轻以及装填迅速等特点，所以在推出后就成为当时世界上应用最广泛的半自动手枪。

比利时 FN M1935 手枪

FN M1935 大威力手枪是由美国枪械发明家约翰·勃朗宁设计，经过 FN 公司的改进并生产的单动操作式的半自动手枪，发射 9×19 毫米手枪子弹。

基本参数	
口径	9 毫米
全长	197 毫米
重量	1 000 克
枪口初速	335 米 / 秒
弹容量	15 发
相关简介	

研发历史

20 世纪初，法国陆军要求 FN 公司设计一款手枪。为了确保 FN 公司在兵器行业上的地位，约翰·勃朗宁打算设计一种能够发射 9×19 毫米枪弹的大威力自动手枪。

随后他在美国一个工作室里开始了新枪的设计，在短短几十天的时间，便设计出了两种型号的手枪，其中后设计出来的那一种就是 M1935 手枪的原型。该枪首次采用了弹容量高达 15 发的双排弹匣，FN 公司对这支枪表现出了浓厚的兴趣。几经修改后，于 1929 年定型，并命名为 FN M1935。

实战性能

FN M1935 手枪是世界上第一种采用大容量可拆卸式双排弹匣的军用型手枪。其新设计的可拆卸式双排弹匣结构上为子弹双排左右交错排列，能够装填 15 发 9×19 毫米手枪子弹。

趣味小知识

FN M1935 大威力手枪使用的是单动操作式设计，该枪装上了手动保险机构。与现代的双动操作半自动手枪不同之处在于 FN M1935 大威力手枪的扳机与击锤并没有联动关系，因此不能实现扣扳机待击。

奥地利格洛克 17 手枪

格洛克 17 是奥地利格洛克公司研制的第一种手枪，于 1983 年成为奥地利军队的制式手枪，此后被世界上数十个国家的军队和执法机构所采用。

扳机特写

握把特写

研发历史

格洛克 17 手枪是应奥地利陆军的要求而研制，用以取代瓦尔特 P38 手枪。该枪采用枪管短行程后坐式原理，使用 9×19 毫米格鲁弹，弹匣有多种型号，弹容量从 10 发到 33 发不等。该枪大量采用了复合材料制造，手枪重量仅为 625 克，人机功效非常出色。

格洛克 17 手枪经历过 4 次不同程度的修改，第四代格洛克 17 手枪的套筒上有 Gen4 字样。2010 年，新推出的格洛克 17 手枪增强了人机功效，并采用双复进簧设计，以降低后坐力和提高枪支寿命。

基本参数	
口径	9 毫米
全长	202 毫米
重量	625 克
枪口初速	370 米 / 秒
弹容量	10/17/19 发
相关简介	

实战性能

格洛克 17 手枪及其衍生型都以可靠性著称，因为坚固耐用的制造和简单化的设计，它们能在一些极端的环境下正常运作，并且能使用相当多种类的子弹，更可改装成冲锋枪。而且它的零件也不多，因此维修相当方便。除此之外，格洛克手枪还能在水下发射，但美中不足的是，如在水下发射可能会使射手受伤，即便如此，部分蛙人部队还是装备格洛克 17 手枪以备应急之用。

奥地利格洛克 18 手枪

格洛克 18 手枪是由格洛克公司设计生产的一款全自动手枪，目前在世界多支特种部队服役。

局部特写

握把特写

研发历史

格洛克 18 手枪是格洛克 17 手枪的改进型，20 世纪 80 年代，格洛克公司设计格洛克 17 半自动手枪时，就想着扩大手枪市场，而非只有奥地利军队这一个市场。随后，格洛克公司分别推出不同型号的格洛克系列手枪，其中为特种部队设计的正是格洛克 18 全自动手枪。

基本参数	
口径	9 毫米
全长	186 毫米
重量	620 克
枪口初速	375 米 / 秒
弹容量	17/19/31/33 发
相关简介	

实战性能

格洛克 18 手枪的外形小，火力强，所以在遭遇持枪恐怖分子袭击时，使用该手枪的特种部队可用其达 1 300 发 / 分的高射速构成弹幕，压制暴徒或掩护政要迅速撤离现场。

趣味小知识

格洛克 18 手枪虽然售价较贵，但其威力较大，因此只提供给特种部队、反恐特警组或其他军事部门。此外，格洛克 18 手枪的零件不能与其他格洛克型手枪互换，避免被滥用。

瑞士 SIG Sauer P220 手枪

SIG Sauer P220 手枪是由瑞士 SIG 公司设计、德国 Sauer 公司生产的 SIG Sauer 系列手枪中最早的型号，其性能完善、安全可靠，且价格也较便宜。

弹匣特写

扳机特写

研发历史

20 世纪六七十年代，瑞士军队装备的 P210 手枪价格比较昂贵且产量又较低。于是军方就要求 SIG 公司设计一款价格便宜、能量产的新型手枪。但是由于 SIG 公司的规模非常小，不能独自完成这个项目，于是便与德国 Sauer 公司合作共同设计和生产这种新手枪。因为是 SIG 和 Sauer 这两家公司共同完成的，所以最后这款新手枪被命名为 SIG Sauer P220。

基本参数	
口径	可变换
全长	198 毫米
重量	862 克
枪口初速	345 米/秒
弹容量	9 发
相关简介	

实战性能

SIG Sauer P220 手枪可以发射不同口径的子弹，前提是必须根据子弹型号相应地更换套筒和枪管。后来 SIG Sauer 以 P220 手枪为基础开发出 P225、P226、P229 等一系列不同类型的手枪，凭着其射击性能优良、操作安全可靠的优点，使整个 SIG Sauer P220 系列在军用、警用和民用市场都备受青睐。

趣味小知识

SIG Sauer P220 手枪的底把为铝合金件，表面作哑黑色阳极化抛光处理，铝底把在当时来说是较为少见的设计，可减轻手枪的重量。

瑞士 SIG Sauer P226 手枪

SIG Sauer P226 半自动手枪可单动击发、双动击发，至 2004 年，P226 系列中各种型号共生产了近 60 万把。

弹匣特写

扳机特写

研发历史

20 世纪 80 年代，美国开展了 XM9 手枪竞争活动，活动的优胜者会成为美军新的制式武器。P226 的设计就是为了参与这项活动，并打算在竞争中击败 M9 手枪，但是最终还是 M9 手枪取得了胜利。并不是 P226 手枪的性能不好，而是在价格上比 M9 手枪略显昂贵。此后 P226 多次参加西方军队的武器招标，每次都是在价格上失败。

基本参数	
口径	9 毫米
全长	196 毫米
重量	964 克
枪口初速	350 米 / 秒
弹容量	15 发
相关简介	

实战性能

P226 早期的设计事实上只是把 P220 手枪改为双排弹匣供弹，另一个改进就是两侧都可以使用的弹匣卡笋。P226 可以不改变握枪的手势就能直接用拇指操作弹匣解脱扣，如果是左撇子，这个该弹匣卡笋也能反过来安装使用。除此之外，P226 还有第三个不同于 P220 的设计，开锁引导面比 P220 上的稍长，这使 P226 开锁时枪管偏移的时间会比 P220 略微迟一点，因此 P226 的射击精度更高。

趣味小知识

P226 手枪所有型号的底把都是由硬质氧化铝合金所制造。

瑞士 SIG Sauer P229 手枪

SIG Sauer P229 是一款大口径手枪，经多次改进后，现已是一款性能十分可靠的手枪。

弹匣特写

扳机特写

研发历史

1988 年，SIG 公司为了能加入大口径弹药市场，改进了 P228 手枪，推出了一款新型手枪 P229。但是该枪使用 10.16 毫米口径弹药后，筒套破裂甚至爆炸，出现伤人事故。

经过 SIG 公司工程师的研究发现，并不是筒套的材料问题，而是制作工艺。P229 手枪筒套采用冲压加工，此种工艺成型的材料无法承受膛内压力，因而发生破裂。要解决这个问题，就只能使用机削加工来制造筒套。因为美国拥有较好的机削加工技术，且大口径手枪在美国拥有大量市场，因此 P229 手枪筒套由美国生产。

基本参数	
口径	9 毫米
全长	180.34 毫米
重量	907.18 克
枪口初速	340 米 / 秒
弹容量	15 发
相关简介	

实战性能

P229 手枪的性能稳定，其被当作 SIG 经典枪型 P226 的便携版。因其不锈钢筒套比枪身重，射击时吸收一部分后坐力，所以连发时射击精准度较高。

趣味小知识

P229 手枪有两个非常突出的优点：第一，结构紧凑，解脱杆安装在套筒座上，精巧的布局使其操作简单；第二，精度好，它在与世界名枪 M4006 对比射击中，命中率要优于 M4006 手枪。

瑞士 SMG 手枪

SMG 手枪是瑞士"枪匠"公司设计生产的一款迷你型手枪，同时也是世界上最小的枪支。

研发历史

瑞士"枪匠"公司将柯尔特公司的"巨蟒"左轮手枪按比例缩小，制作出一款迷你型的手枪——SMG 左轮手枪。该手枪是"枪匠"公司制造的第一种枪械产品，它算得上是世界上最小的枪支。SMG 迷你手枪被众多人视为收藏珍品，但因为它具有杀伤性，所以这款"工艺品"枪支，要经过瑞士火器局核准后才能购买。

基本参数	
口径	2.34 毫米
全长	55 毫米
重量	68 克
枪口初速	180 米 / 秒
弹容量	6 发
相关简介	

实战性能

SMG 手枪可发射 2.34 毫米缘发式子弹，该子弹堪称"世界上个头最小的缘发式子弹"。尽管 SMG 手枪个头小，但其威力不容忽视，子弹的枪口初速度达到 180 米 / 秒，若是被 SMG 手枪击中要害的话，会危及性命。

趣味小知识

SMG 手枪枪柄有多种款式，其中包括乌木枪柄、手工雕刻枪柄、镶有钻石或者其他宝石的黄金枪柄。

意大利伯莱塔93R手枪

93R 手枪是伯莱塔公司设计生产的一款全自动手枪，口径为 9×19 毫米，射击模式有单发及 3 点发可供选择。

扳机特写

枪托特写

研发历史

M1951 手枪是伯莱塔公司于 20 世纪中期所设计生产的一款半自动手枪。由于该枪性能太差，所以伯莱塔公司想射击一款火力强大、可随身携带的小型武器。20 世纪 70 年代，意大利恐怖活动日益猖獗，恰巧它们又想重新打造 M1951 手枪，于是就以该枪为蓝本，推出了一款全自动型手枪——伯莱塔 93R 手枪。

基本参数	
口径	9 毫米
全长	250 毫米
重量	1 170 克
枪口初速	375 米 / 秒
弹容量	15/20 发
相关简介	

实战性能

伯莱塔 93R 手枪的 3 发点射模式虽然表面上看起来可以节省子弹、提高命中率，但事实上却限制了它的火力。由于执法机构对此产品的评价一向不高，因此该枪很难打入市场，现已停产。

趣味小知识

伯莱塔 93R 手枪的标准配备是 20 发的长弹匣，但也能使用 15 发弹匣。

Chapter 03

冲 锋 枪

　　冲锋枪通常是指双手持握、发射手枪子弹的单兵连发枪械，它是介于手枪和机枪之间的武器，比步枪短小轻便，便于突然开火，射速高，火力猛，适用于近战或冲锋，因而得名"冲锋枪"。

美国 M3 冲锋枪

M3 冲锋枪是美国二战时期大量生产的冲锋枪之一，于 1942 年 12 月 1 日开始服役，并逐渐取代造价昂贵的汤普森冲锋枪。

局部特写

枪管特写

基本参数	
口径	9 毫米
全长	756.92 毫米
重量	3.62 千克
枪口初速	280 米 / 秒
弹容量	30 发
相关简介	

研发历史

二战时期汤普森冲锋枪无疑是美军最实用的武器之一，但其造价比同类产品略高一些，例如，德国 MP40、英国斯特林系列等，而且这些冲锋枪其性能并不比汤普森冲锋枪差。

为了能更好地大量生产冲锋枪，美军决定在提高性能的情况下，降低其造价。基于此，美国通用汽车等公司合力打造了一款新型冲锋枪——M3 冲锋枪。

实战性能

M3 冲锋枪是全自动，气冷，开放式枪机，由反冲作用操作的冲锋枪。附于枪身的后方是可伸缩的金属杆枪托，枪托金属杆的两头均设计当作通条，可用作分解工具。此外，由于 9 毫米的自动手枪子弹产生的压力不大，加上枪机很重，因此，M3 冲锋枪不需要复杂的膛室闭锁机制或是延迟机制。

趣味小知识

M3 冲锋枪的外形像替汽车打润滑油（黄油）的润滑油枪，因此也叫 M3 黄油枪。

美国汤普森冲锋枪

汤普森冲锋枪由约翰·汤普森于 1917 年设计，并由美国自动军械公司生产。是美军在二战中最著名的冲锋枪，该枪重量及后坐力较大、瞄准也较难，尽管如此，它依旧是最具威力及可靠性的冲锋枪之一。

枪管特写

握把特写

研发历史

1916 年，汤普森和汤姆斯·F. 莱恩合伙创办了一家自动军械公司，汤普森冲锋枪是该公司成立后研发的最著名的武器之一。该枪刚问世时性能并不完善，随后汤普森对其进行了一系列的改良，最终于 1918 年推出了最终版汤普森冲锋枪。

珍珠港事件后，美国加入了战争。1944 年，诺曼底登陆将汤普森冲锋枪带进了欧洲战场，自此，汤普森冲锋枪和 PPSh-41 冲锋枪在二战欧洲战场上并肩作战。

基本参数	
口径	11.43 毫米
全长	810 毫米
重量	4.9 千克
枪口初速	285 米/秒
弹容量	20/ 30/ 50/ 100 发
相关简介	

实战性能

汤普森冲锋枪使用开放式枪机，采用鼓式弹匣，虽然这种弹匣可以提供持续射击的能力，但它过于笨重，而且不便于携带。该枪射速最高可达 1 200 发 / 分，此外，接触雨水、灰尘或泥后的表现比同时代其他冲锋枪优秀。

趣味小知识

汤普森冲锋枪由于开枪的声音嗒嗒嗒地似打字机，还被称为 Chicago Typewriter，即芝加哥打字机，此外还有"芝加哥小提琴""压死驴冲锋枪"的称呼。除了在战争中使用外，汤普森冲锋枪也是当时美国警察与罪犯经常使用的武器。

英国斯登冲锋枪

斯登冲锋枪是英国在二战期间装备最多的武器之一，是一种制造成本低，易于大量生产的武器。

弹匣特写

基本参数	
口径	9毫米
全长	760毫米
重量	3.18千克
枪口初速	365米/秒
弹容量	32发
相关简介	

研发历史

二战初期，英军没有制式冲锋枪，因此只能从美国购买汤普森冲锋枪。但是正如前文所说，汤普森冲锋枪价格太过昂贵，另外，英军从德军缴获了大量9毫米口径枪弹，鉴于这两个原因，英军打算自己设计一种冲锋枪，要求是既轻巧又便宜，而且能使用缴获来的枪弹。随后，斯登冲锋枪应运而生。

实战性能

斯登冲锋枪使用9毫米子弹，能够在室内与堑壕战中发挥持久火力。此外，斯登冲锋枪的紧凑外形与较轻的重量让它具备绝佳的灵活性。但其缺点也不少，如射击精准度不佳，经常出现走火，以及极易因供弹可靠性差劣而出现严重卡弹等，好在这些问题在后来的改进版中有所缓解。

趣味小知识

斯登冲锋枪是英国在二战时期大量制造及装备的9×19毫米冲锋枪，而STEN一词是一个首字母缩略字，分别指设计师 Reginald Shepherd，Harold Turpin 及生产商 Enfield（恩菲尔德）。

英国斯特林 L2A3 冲锋枪

斯特林 L2A3 冲锋枪是由英国的斯特林军备公司所开发完成的一种现代冲锋枪。

弹匣特写

研发历史

　　1945-1953 年，为更替原有的老式武器，英国举行了装备选型试验，斯特林冲锋枪在试验中以明显优势战胜了其他竞争对手，成为英国的基本防御武器之一，定名为 L2A1 冲锋枪。1953 年起，英军开始用 L2A1 冲锋枪替换二战时期的司登冲锋枪。1955 年，根据部队使用意见而改进的新型号 L2A2 冲锋枪诞生。1956 年，又进一步改进为 L2A3 冲锋枪。1956 年，L2A3 批量装备英军，司登冲锋枪被全部淘汰。1967 年，在标准型 L2A3 冲锋枪基础上改进而来的 L3A1 微声冲锋枪替代了二战期间研制的司登 MK2S 微声冲锋枪。

基本参数	
口径	9 毫米
全长	686 毫米
重量	2.7 千克
枪口初速	400 米 / 秒
弹容量	34 发
相关简介	

实战性能

　　L2A3 冲锋枪大量采用冲压件，同时广泛采用铆接、焊接工艺，只有少量零件需要机加工，工艺性较好。除此之外，该枪的弹匣容量大，火力持续性好。

趣味小知识

　　斯特林 L2A3 是英国的标准军用冲锋枪。由于性能优异，斯特林冲锋枪一直获多国的军队、保安部队、警队选择作为制式枪械使用。目前，斯特林冲锋枪大量地被更优秀的冲锋枪所取代，只剩下某些担任特种任务的部队仍然使用。

德国 MP18 冲锋枪

MP18 冲锋枪在一战时期由雨果·施梅瑟设计，因其生产商为伯格曼兵工厂，所以有时也称之为伯格曼冲锋枪。

扳机特写

枪管特写

研发历史

一战后期，德国军队为打破堑壕战的僵局采用"渗透突击"战术。采用这种战术，士兵需要携带一种质量轻巧，火力猛烈，有一定射程的武器。机枪虽然火力十足，但太过笨重；手枪质量轻巧，便于携带，但缺乏火力。为了实现"渗透突击"的战术，1917 年，德国人雨果·施梅瑟设计出了一款集机枪与手枪优点于一体的武器——MP18 冲锋枪。

基本参数	
口径	9 毫米
全长	832 毫米
重量	4.18 千克
枪口初速	380 米 / 秒
弹容量	32/50 发
相关简介	

实战性能

MP18 冲锋枪最醒目的特征是枪管上包裹套筒，套筒上布满散热孔，连续射击有利于散热。除此之外，MP18 冲锋枪只能全自动射击。

趣味小知识

MP18 冲锋枪是一战后期德国研制的一种发射 9 毫米手枪弹的冲锋枪，它在第一次世界大战中首次出现，被协约国军队用于马恩战河役中。它的问世，将第一次世界大战转入一系列的阻击战、炮击战和堑壕战。严格意义上讲，MP18 冲锋枪是世界上第一款真正的实用冲锋枪。

德国 MP40 冲锋枪

MP40 冲锋枪是在 MP18 冲锋枪的基础上改进而来的，同时该枪也是二战期间德国军队使用最广泛、性能最优良的冲锋枪。

枪口特写

研发历史

早在一战时，德国就拥有实用性冲锋枪——MP18 冲锋枪，但该枪的保险机构并不完善，受到大震动时容易走火。20 世纪 30 年代，枪械设计师海因里希·沃尔默以 MP18 冲锋枪为基础，对它的保险机构以及机匣等部件做了改进，1938 年，这种改进后的冲锋枪被命名为 MP38。二战开始后，为了满足德军对冲锋枪的需求，海因里希·沃尔默又对 MP38 冲锋枪做了进一步改进，此次改进主要是简化枪械机构和生产工艺，便于大量生产，这种改进后的冲锋枪被命名为 MP40。

基本参数	
口径	9 毫米
全长	833 毫米
重量	3.97 千克
枪口初速	400 米 / 秒
弹容量	32 发
相关简介	

实战性能

MP40 冲锋枪在近身距离作战中能够提供密集的火力，采用自由枪机式原理，使用 9 毫米手枪弹。取消了枪身上传统的木制固定枪托、护木组件以及枪管护筒等粗大笨重的结构，大部分部件是使用钢片压制而成，尤其是枪托也是用钢制折叠式枪托，枪托能够向前折叠到机匣下方，便于携带。

趣味小知识

在二战中，大部分士兵都持有 MP40 冲锋枪，作为二战德国军人的象征。所以 MP40 可以说是一款划时代的武器，在苏联波波莎冲锋枪出现之前，MP40 堪称世界最顶尖的冲锋枪。

德国 MP5 冲锋枪

MP5 冲锋枪是德国黑克勒·科赫公司研制的，也是黑克勒·科赫最著名及制造量最多的枪械产品，其知名度极高。

瞄准器特写

枪托特写

研制历史

MP5 冲锋枪的设计源于 1964 年 HK 公司的 HK54 冲锋枪项目，"5" 意为 HK 第五代冲锋枪，"4" 意为使用 9×19 毫米子弹，该枪以 HK G 自动步枪的设计缩小而成。被联邦德国政府采用后，正式命名为 MP5。

实战性能

基本参数	
口径	9 毫米
全长	680 毫米
重量	2.6 千克
枪口初速	400 米/秒
弹容量	15 发
相关简介	

MP5 冲锋枪采用 HK G3 系列步枪结构复杂的闭锁枪机，且采用传统滚柱闭锁机构来延迟开锁，射击时枪口跳动较小，准确性较高。该枪发射 9×19 毫米鲁格弹，虽然有高命中精度、安全可靠、后坐力低及威力适中等优点，但 MP5 冲锋枪结构复杂，容易出现故障。

趣味小知识

1977 年 10 月 17 日，德国在摩加迪沙反劫机行动中使用了 MP5 冲锋枪，4 名恐怖分子均被 MP5 冲锋枪击中，3 人当场死亡，1 人重伤，人质获救。由此，MP5 冲锋枪在近距离内的命中精度得到证明，因此，MP5 冲锋枪几乎成了反恐特种部队的标志。

俄罗斯 PPD-40 冲锋枪

第一种在苏军服役的冲锋枪是 PPD-34，之后又推出了它的改进版 PPD-40。PPD-40 冲锋枪为其后 PPSh-41 冲锋枪的成功奠定了基础。

弹匣特写

枪管特写

研发历史

PPD-34 是苏联在 1934 年制造的 7.62 毫米口径冲锋枪，但该枪性能不佳。之后，枪械设计师捷格加廖夫在 PPD-34 冲锋枪基础上做了大量改进，推出了 PPD-40 冲锋枪。由于 PPD-40 冲锋枪结构过于复杂、生产成本高昂，所以只在二战初期被使用，之后于 1941 年被 PPSh-41 冲锋枪所取代。

基本参数	
口径	7.62 毫米
全长	788 毫米
重量	3.2 千克
枪口初速	490 米 / 秒
弹容量	25/71 发
相关简介	

实战性能

PPD-40 冲锋枪使用木质枪托，开放式枪机，使用者可以选择射击模式。该枪所使用的 7.62×25 毫米托卡列夫手枪弹是参考毛瑟 C96 手枪发射的 7.63×25 毫米毛瑟弹，除此之外，该枪的供弹方式可在 25 发可拆卸式弹匣和 71 发可拆卸式大型弹匣之间切换。

趣味小知识

　　PPD-34 冲锋枪是在苏联的武器设计师瓦西里·捷格加廖夫手中开发的，该设计师也参与过其他冲锋枪的设计，但其最为得意的作品是 PPD-34 和 PPD-40 冲锋枪，又称捷格加廖夫冲锋枪。

俄罗斯 PPSh-41 冲锋枪

PPSh-41 冲锋枪是一款由苏联在二战期间研制及生产的冲锋枪，发射 7.62×25 毫米托卡列夫手枪子弹。

局部特写

枪管特写

基本参数	
口径	7.62 毫米
全长	843 毫米
重量	3.63 千克
枪口初速	488 米 / 秒
弹容量	35/71 发
相关简介	

研发历史

在二战爆发后，德国猛烈的攻击迫使苏联将兵工厂转移到交通不便、条件艰苦的偏远地区。新建的兵工厂面临机械设备陈旧，劳动力不足等诸多问题。苏军之前装备的 PPD-40 冲锋枪，其组成结构复杂，制造工艺烦琐，而且成本较高。

此时，苏军面临"非常时期"，无法大量生产 PPD-40 冲锋枪。在此背景下，格奥尔基·谢苗诺维奇·什帕金采用了"非常方法"，他以 PPD-40 冲锋枪为基础，将其结构简化，最终在 1940 年设计出了一种新型冲锋枪，命名为 PPSh-41 冲锋枪。

实战性能

PPSh-41 冲锋枪的设计以适合大规模生产与结实耐用为首要目标，对成本则未提出过高要求，因此 PPSh-41 上出现了木质枪托、枪身。沉重的木质枪托和枪身使 PPSh-41 的重心后移，从而保证枪身的平衡性，而且能够像步枪一样用于格斗，同时还特别适合在高寒环境下握持。另外，PPSh-41 冲锋枪惊人的耐用性和可靠性，不仅使该枪能够承受腐蚀性弹药，还可以在各种恶劣环境下使用，以及延长其清洁间隔的时间。

俄罗斯 KEDR 冲锋枪

KEDR 冲锋枪是苏联枪械设计师叶夫根尼·德拉图诺夫研制的，该枪的原型最早于 20 世纪 70 年代推出，但却在 90 年代才正式服役。

扳机特写

基本参数	
口径	9 毫米
全长	530 毫米
重量	1.57 千克
枪口初速	310 米/秒
弹容量	20/30 发
相关简介	

研发历史

20 世纪 90 年代初期，伊热夫斯克兵工厂的设计师对 PP-71 冲锋枪进行了改进，生产出 KEDR 小型冲锋枪，发射 PM 手枪弹，并装备到俄罗斯多个执法机构的行动部队。1994 年，伊热夫斯克兵工厂又以 KEDR 为基础进行了强化，以发射冲量大的新型弹药，并命名为 KEDR 冲锋枪。

实战性能

KEDR 冲锋枪非常紧凑，重量较轻，其射速为 800 发/分，由于 PM 手枪弹很轻，在持续射击时很容易控制。该枪以反冲作用及闭锁式枪机运作，这种设计比起使用开放式枪机的枪械有着更高的精确度，其供弹具为 20~30 发容量的双排弹匣。

趣味小知识

KEDR 冲锋枪原型为 PP-71 冲锋枪，该于 1969-1972 年曾被苏联国防部测试，但此型号并没有投产。

比利时 FN P90 冲锋枪

FN P90 冲锋枪是 FN 公司于 1990 年推出的个人防卫武器，被许多国家的特种部队采用。

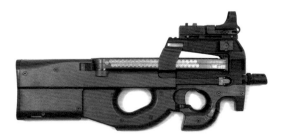

枪管特写

研发历史

二战后，FN 公司意识到当时现成的子弹，包括手枪、步枪子弹不能满足个人防卫武器的要求，于是在 1986 年开始研发全新的子弹 SS90 及新款枪械 P90，原型枪于同年 10 月试射，1990 年推出后，曾被使用于 1991 年的海湾战争，至 1993 年共试产了 3000 支。

基本参数	
口径	5.7 毫米
全长	500 毫米
重量	2.6 千克
枪口初速	715 米/秒
弹容量	50 发
相关简介	

实战性能

FN P90 冲锋枪虽然有高命中精度、高制止力、低穿透性、小巧便携、易于保养、结构简单、后坐力低以及高容量弹匣的优点，但其威力比 9 毫米鲁格弹要小，且单价高昂。

趣味小知识

2014 年上映的电影《敢死队 3》中露娜和约翰·史麦利所使用的就是 FN P90 冲锋枪。

以色列乌兹冲锋枪

乌兹冲锋枪是由以色列国防军上尉乌兹·盖尔于 1948 年开始研制的轻型冲锋枪。目前被全世界广泛使用，轻便、操作简易及低成本令乌兹冲锋枪成为一种十分有效的近战武器。

枪口特

扳机特写

基本参数	
口径	9 毫米
全长	445 毫米
重量	3.5 千克
枪口初速	400 米 / 秒
弹容量	20/25/32/40/50 发
相关简介	

研发历史

乌兹冲锋枪由以色列国防军上尉乌兹·盖尔于 1948 年设计，1951 年生产，1956 年开始量产。其时的乌兹冲锋枪是军官、车组成员及炮兵部队的自卫武器，也是精英部队的前线武器。六日战争时的以色列士兵认为乌兹冲锋枪的紧凑外形及火力十分适合战场，因此对该枪喜爱有加。

实战性能

乌兹冲锋枪最突出的特点是有着和手枪类似的握把内藏弹匣设计，可以使射手在与敌人近战交火时能迅速更换弹匣，即使是在黑暗的环境下，依旧能保持火力。不过，这个设计也影响了该枪的高度，导致卧姿射击时所需的空间更大。除此之外，在沙漠或风沙较大的地区作战时，射手必须经常分解清理乌兹冲锋枪，以避免射击时出现卡弹等情况。

趣味小知识

在电视节目、电影和电子游戏中乌兹冲锋枪出现的比率较高，特别是双手各自持枪作扫射不同目标的画面。电影《这个杀手不太冷》中的型号分别为微型乌兹和迷你乌兹。微型乌兹被毒贩头子及其手下所使用；迷你乌兹被毒贩头子双持使用，亦被纽约市警察局特种武器和战术部队所使用。

南非 BXP 冲锋枪

BXP 冲锋枪是由南非米切姆公司于 20 世纪 80 年代中期为南非警察和安全部队研制的，于 1988 年投产。

基本参数	
口径	9 毫米
全长	607 毫米
重量	2.5 千克
枪口初速	320 米 / 秒
弹容量	22/32 发
相关简介	

研发历史

20 世纪 70 年代后期，南非决定设计和生产一款属于自己的武器，以装备军队增强军事力量。之后，米切姆公司经过一段时间的研发，最终设计出了 BXP 冲锋枪。在随后的几年中，BXP 冲锋枪成为南非军队的制式冲锋枪。

实战性能

BXP 冲锋枪有一个特点是配备有各式各样的枪口装置，包括消声器、隔热套、多种枪口补偿器和枪榴弹发射器，可以用空包弹发射非致命的防暴弹药或军用的高爆榴弹。

趣味小知识

BXP 冲锋枪在 20 世纪 80 年代中期由南非米切姆公司为警察和军队研制的，并在 1988 年投产。但在当时，对受国际制裁的南非种族隔离政权来说，BXP 冲锋枪的研制有相当重要的意义。当南非能够自由进出口商品时，BXP 冲锋枪也开始向外国销售。现在 BXP 冲锋枪的生产和销售商为南非的特维洛公司。

意大利伯莱塔 M12 冲锋枪

伯莱塔 M12 冲锋枪又名 PM12，是由意大利伯莱塔公司在 1958 年制造的 9X19 毫米冲锋枪。

枪口特写

研发历史

伯莱塔 M12 冲锋枪在 1961 年开始成为意大利陆军的制式冲锋枪，同时也是部分非洲及南美国家的制式武器，巴西及印尼获授权特许生产。M12 的改进型伯莱塔 M12S 在 1978 年推出，M12S 与 M12 的口径相同，但改用 32 发弹匣。

基本参数

口径	9 毫米
全长	660 毫米
重量	3.48 千克
枪口初速	380 米 / 秒
弹容量	20/32/40 发

相关简介

实战性能

M12 冲锋枪可以全自动和单发射击，开放式枪机射速为 550 发 / 分，初速为 380 米 / 秒，有效射程为 200 米。虽然 M12 冲锋枪本身并没有什么独创的革命性设计，但出众的性能、低廉的价格与可靠的操作，在世界军火市场仍占有一席之地，使用过此枪的人都赞扬它容易控制、自然指向性好，而且结构紧凑、维护简单。

趣味小知识

电子游戏《虹彩六号：围攻行动》里冲锋枪型号为 M12S 被特别警察行动营所使用。

亚美尼亚 K6-92 冲锋枪

K6-92 是由亚美尼亚自主研发的一款本土冲锋枪，其设计借鉴了苏联 PPSh-41 冲锋枪、美国汤普森冲锋枪以及德国 MP18 冲锋枪等。

基本参数	
口径	9毫米
全长	700毫米
重量	1.96千克
枪口初速	310米/秒
弹容量	17/25/32发
相关简介	

研发历史

1991 年，亚美尼亚独立后与邻国冲突不断，为了能更好地武装己方军队，一名亚美尼亚枪械设计师在借鉴其他枪械设计后，设计出了一种结构简单，易于大量生产的武器—K6-92 冲锋枪。

实战性能

K6-92 冲锋枪体积小巧，便于隐蔽携带，操作、维修非常简单，而且部分 K6-92 还在枪管前端车有螺纹，可以安装消声器。该枪采用开放式枪机，金属机械瞄具，发射 9x18 毫米马卡洛夫手枪弹。

趣味小知识

曾有大量的 K6-92 透过非法渠道从俄罗斯与亚美尼亚的边境走私到车臣共和国，并落入车臣分离主义分子及伊斯兰极端分子手中。后来车臣人更是尝试仿制 K6-92 冲锋枪，但由于这些仿制型的品质太差及基于生产问题，所以生产数量并不多。

捷克共和国 CZ-25 冲锋枪

CZ-25 冲锋枪是捷克斯洛伐克最著名的武器之一，为此后的冲锋枪设计奠定了良好的基础，乌兹冲锋枪的设计灵感就是来源于它。

基本参数	
口径	9 毫米
全长	686 毫米
重量	3.5 千克
枪口初速	370 米 / 秒
弹容量	50 发
相关简介	

研发历史

CZ-25 冲锋枪是第一种被正式采用的包络式枪机冲锋枪。所谓包络式枪机，即将枪机缩进机匣后部，缩短枪机运作距离，并以机匣包覆大部分枪管，从而达到缩短枪械总长度。这种设计能大大减少其总长度，也令该枪的平衡性和便携性大大提高。

实战性能

CZ-25 冲锋枪并没有采用闭膛待击，而是使用开膛待击的设计。它还设计有可以控制射击模式的扳机系统，可在半自动和全自动两种射击模式之间选择，轻按扳机的话只能单发，而完全按下扳机的话便是全自动射击，直到扳机被释放或是弹匣用尽子弹。

趣味小知识

CZ 25 正确读法是 Sa.25，这款冲锋枪系列通常有四种外形上非常相似的型号，分别是：Sa.23、Sa.24、Sa.25 和 Sa.26。

芬兰索米 M1931 冲锋枪

索米 M1931 冲锋枪是芬兰在二战期间设计的冲锋枪，"索米"在芬兰语中意为"芬兰"，因此有时索米 M1931 冲锋枪也被称为芬兰冲锋枪，该枪被许多人认为是二战期间最成功的冲锋枪之一。

枪口特写

研发历史

20 世纪 20 年代末期，枪械设计师埃莫·拉赫蒂在芬兰创办了一家武器公司，在这里他苦苦钻研枪械的设计，最终在 1931 年设计出了索米 M1931 冲锋枪。

实战性能

基本参数	
口径	9 毫米
全长	870 毫米
重量	4.6 千克
枪口初速	396 米 / 秒
弹容量	40 发
相关简介	

索米 M1931 冲锋枪由于枪管较长，做工精良，所以其射程和射击精准度比大批量生产的 PPSh-41 冲锋枪高出很多，而射速和装弹量则与 PPSh-41 冲锋枪一样。但美中不足的是生产成本过高，所采用的材料是瑞典的优质铬镍钢，并且以狙击枪的标准生产，费工费时。

趣味小知识

最初，索米 M1931 被用来替代轻机枪使用，不过事实证明它无法胜任这一角色。到了继续战争的时候，芬军一个步兵班通常配有一支索米 M1931 与一支德加廖夫轻机枪，到了 1943 年，每个班已经配有两支索米 M1931。

Chapter 04

突击步枪

　　突击步枪是根据现代战争的要求，将步枪和冲锋枪所固有的最佳战术技术性能成功地结合起来的一种有效武器，其特点是射速较高、射击稳定、后坐力适中、枪身短小轻便，具有冲锋枪的猛烈火力和接近普通步枪射击的威力。

美国 AR-15 突击步枪

AR-15 是由美国著名枪械设计师尤金·斯通纳研发的以弹匣供弹、具备半自动或全自动射击模式的突击步枪。

弹匣特写

枪管特写

研发历史

在 AR-15 之前，尤金·斯通纳设计了 7.62 毫米口径的 AR-10 突击步枪，并参与美军形式步枪的选型，但最终失败。之后，斯通纳又在该枪的基础上研制成功了发射 5.56×45 毫米弹药的 AR-15 突击步枪。该枪是第一种使用 5.56 毫米口径的步枪，被誉为开创小口径化先河的步枪。

基本参数	
口径	5.56 毫米
全长	991 毫米
重量	3.9 千克
枪口初速	975 米 / 秒
弹容量	10/20/30 发
相关简介	

实战性能

AR-15 突击步枪的一些重要特征包括：小口径、精度高、初速高。此外，模块化的设计使多种配件的使用成为可能，并且带来维护方便的优点；准星能够调整仰角；表尺可以调整风力修正量和射程。此外，一系列的光学器件也可以用来配合或者取代机械瞄具。

趣味小知识

比尔·克林顿总统在 1994 年的白宫仪式上持有 AR-15 突击步枪，发起了禁止攻击式武器的命令。该禁令于 1994 年至 2004 年实施，其同事俄亥俄州代顿市警察局局长兰迪·比恩在 1991 年被 AR-15 突击步枪枪杀。

美国 AR-18 突击步枪

AR-18 是阿玛莱特公司于 1963 年由 AR-15 突击步枪改进而成的，虽然未能成为任何一个国家的制式步枪，但其设计却对后来的许多步枪产生了影响。

握把特写

扳机特写

研发历史

20 世纪 50 年代末，阿玛莱特公司开发出了 AR-15 突击步枪。在美军长时间测试 AR-15 突击步枪期间，阿玛莱特公司放弃了这个设计，并将其生产权卖给柯尔特公司。

后来，美军决定采纳发射 5.56 毫米弹药的 AR-15 突击步枪，而阿玛莱特也开始寻求可以与 AR-15 突击步枪匹敌的设计。但尤金·斯通纳已经离开公司，所以以任务就被交给了阿玛莱特新任的首席设计师亚瑟米勒，最后产生的设计被命名为 AR-18。

基本参数	
口径	5.56 毫米
全长	965 毫米
重量	3.0 千克
枪口初速	991 米 / 秒
弹容量	20/30/40 发
相关简介	

实战性能

AR-18 突击步枪的结构与 AR-15/M16 系列步枪不同，反而与 M14 自动步枪有些类似，只是拉柄与活塞连杆不是一个总成。这个短行程活塞传动结构后来被许多新型步枪沿用，其优点就是可以延迟或者部分规避不良弹药在射击燃烧时所形成的严重积炭。

趣味小知识

AR-18 突击步枪因爱尔兰共和军的使用而得到许多恶名，例如，"寡妇制造者"。除此之外，虽然 AR-18 没有正式被任何国家采用为制式步枪，但仍然被许多军队买来作为试验，其中包含美国与英国。

美国 M16 突击步枪

M16 是由阿玛莱特 AR-15 发展而来的突击步枪，现由柯尔特公司生产。它是世界上最优秀的步枪之一，也是同口径中生产数量最多的枪械。

弹匣特写

枪管特写

▌▌▌▌▌★ 研发历史

1957 年，美军在装备 M14 自动步枪后不久就正式提出设计新枪。阿玛莱特公司将 7.62 毫米 AR-10 突击步枪改进为 5.56 毫米 AR-15 突击步枪，从竞标中胜出。随后，AR-15 经过了一系列改进，并将生产权卖给了柯尔特公司。1964 年，美国空军正式装备该枪并将其命名为 M16。

基本参数	
口径	5.56 毫米
全长	1003 毫米
重量	3.1 千克
枪口初速	960 米 / 秒
弹容量	20/ 30 发
相关简介	

▌▌▌▌▌★ 实战性能

M16 主要分为三代。第一代是 M16 和 M16A1。能够以半自动或全自动模式射击。第二代是 M16A2，可以半自动射击，也可以以最多 3 发连发的点射射击方式来射击。第三代 M16A4 成为 21 世纪初美伊战争中美国海军陆战队的标准装备，也越来越多地取代了之前的 M16A2。

趣味小知识

为 M16 突击步枪更换木质护木和小握把是美国民用市场高端定制的流行趋势，有些有钱人喜欢用精美的木头取代聚合物配件，让枪的外观更加古朴。

美国巴雷特 REC7 突击步枪

REC7 是在 M16 突击步枪和 M4 卡宾枪的基础上改进而成的突击步枪，由巴雷特公司生产。

枪托特写

枪口特写

研发历史

REC7 突击步枪于 2004 年开始研发，采用 6.8 毫米口径。REC7 突击步枪并非是一支全新设计的步枪，它只是用巴雷特公司生产的一个上机匣搭配上普通 M4/M16 的下机匣而成，所以能够和 M4、M16 步枪共用大多数零部件，也能轻易地安装在美军正在使用的 M4、M16 步枪上。

实战性能

REC7 突击步枪采用了新 6.8 毫米雷明顿弹药，其长度与美军正在使用的 5.56 毫米弹药相近，因此可以直接套用美军现有的 STANAG 弹匣。REC7 突击步枪采用 ARMS 公司生产的 SIR 护木，能够安装两脚架、夜视仪和光学瞄准镜等配件。此外，还有一个折叠式的机械瞄具。

基本参数	
口径	6.8 毫米
全长	845 毫米
重量	3.46 千克
枪口初速	810 米 / 秒
弹容量	30 发
相关简介	

趣味小知识

REC7 突击步枪的前身是 M468，M468 的代号的含义是：2004 年研发，采用 6.8 毫米口径。

俄罗斯 AK-47 突击步枪

AK-47 是由苏联著名枪械设计师米哈伊尔·季莫费耶维奇·卡拉什尼科夫设计的突击步枪，20 世纪 50 年代至 80 年代一直是苏联军队的制式装备。

研发历史

1941 年苏德战争爆发后，卡拉什尼科夫在一次战斗中，由于坦克被德军炮火击中，身负重伤的他被送到后方的陆军医院抢救。仕医院中和战友们的谈话激发了他设计全新自动步枪的念头，之后几经周折终于促成了 AK-47 突击步枪的诞生。该枪在 1947 年定为苏联军队制式装备，1949 年最终定型并投入批量生产。

弹匣特写

基本参数

口径	7.62 毫米
全长	870 毫米
重量	4.3 千克
枪口初速	715 米 / 秒
弹容量	30 发
相关简介	

实战性能

与二战时期的步枪相比，AK-47 突击步枪的枪身短小、射程较短、火力强大，适合较近距离的突击作战的战斗。它的枪机动作可靠，即使在连续射击时或有灰尘等异物进入枪内时，其机械结构依旧能够保证它继续工作。此外，在沙漠、热带雨林、严寒等极度恶劣的环境下，AK-47 突击步枪仍能保持相当好的效能。

趣味小知识

在阿富汗，AK-47 突击步枪是最容易买到的枪种。早在阿富汗战争时期，这种枪支就通过走私的方式大量进入阿富汗的市场，因此价格也较便宜。

俄罗斯 AKM 突击步枪

AKM 是由卡拉什尼科夫在 AK-47 基础上改进而来的突击步枪。1959 年投产，目前仍有生产，被广泛装备世界各地的武装力量。

枪管特写

局部特写

研发历史

AKM 突击步枪于 1959 年投产，逐渐取代 AK-47 成为苏联军队的制式步枪。作为 AK-47 突击步枪的升级版，AKM 突击步枪更实用，符合现代突击步枪的要求。时至今日，俄罗斯军队和内务部迄今仍有装备。此外，一些苏联加盟共和国及第三世界国家也有装备，还有一些国家进行了仿制及改良。

基本参数	
口径	7.62 毫米
全长	876 毫米
重量	3.15 千克
枪口初速	715 米 / 秒
弹容量	30 发
相关简介	

实战性能

AKM 突击步枪扳机组上增加的"击锤延迟体"，从根本上消除了哑火的可能性。在试验记录上，AKM 未出现一次因武器方面引起的哑火现象，所以可靠性良好。此外，AKM 突击步枪的下护木两侧有突起，便于控制连射。

趣味小知识

AKM 在装备苏军后，其他华约国家也开始陆续装备并获得生产权，俄罗斯军队和内务部迄今仍有装备，并依然是原苏联加盟共和国的主要武器，还流向世界各地，同时被政府军、游击队、恐怖组织和军事爱好者使用。

俄罗斯 TKB-022 突击步枪

TKB-022 是一款由苏联枪械设计师日耳曼·A. 科洛波夫于 20 世纪 60 年代设计的无托结构突击步枪。

枪口特写　　　　　局部特写

研发历史

TKB-022 突击步枪的研制始于 20 世纪 60 年代初，当时苏联为探索更先进的新型突击步枪和原理，开始了新型突击步枪的研究计划，并要求参加评选的产品必须设计简单、质量轻巧，而且可靠性好。日耳曼·A. 科洛波夫设计出了 TKB-022 突击步枪参与评选，该枪有最佳的突击步枪的枪管长度及总长度之间的比例。就算是以不稳定的姿势射击，其射击精度都要比 AKM 好许多。不过，虽然这种突击步枪的表现非常优异，但却被苏联军队拒绝采用。

基本参数	
口径	7.62 毫米
全长	755 毫米
重量	2.6 千克
枪口初速	320 米 / 秒
弹容量	30 发
相关简介	

实战性能

TKB-022 突击步枪在发射以后，原来的弹壳会被抽出膛室并且经由机匣内部的机构，从下方的抛壳口自然排出。正因为这种枪装上这一种机械装置，解决了左手射击时弹壳抛向射手面部及气体灼伤的问题，从而使一般无托结构枪械不能双手射击的缺点得到解决，后来的 FN F2000 所使用的设计与此相似。

趣味小知识

TKB-022 突击步枪虽然表现十分优异，但苏联军队却拒绝使用该枪。

俄罗斯 AK-74 突击步枪

AK-74 是卡拉什尼科夫于 20 世纪 70 年代在 AKM 基础上改进而来的突击步枪，它是苏联装备的第一种小口径突击步枪，直至现在仍然是许多苏联成员国的制式步枪。

弹匣特写

扳机特写

研发历史

20 世纪 60 年代至 70 年代，由于美国 M16 突击步枪的成功，许多国家都纷纷研制小口径步枪。鉴于小口径枪弹的综合性能高于 7.62 毫米中间威力型弹，苏联也开始研制新型的小口径步枪弹及武器，AK-74 突击步枪和 1974 型步枪弹应运而生。该枪在 1974 年开始设计，同年 11 月 7 日在莫斯科红场阅兵仪式上首次露面，随后成为苏联军队制式装备。

基本参数	
口径	5.45 毫米
全长	943 毫米
重量	3.07 千克
枪口初速	900 米 / 秒
弹容量	30 发
相关简介	

实战性能

与 AK-47 突击步枪和 AKM 突击步枪相比，AK-74 突击步枪的口径缩小，射速提高，后坐力减小。由于使用小口径弹药并加装了枪口装置，AK-74 突击步枪的连发散布精度大大提高，不过单发精度仍然较低，而且枪口装置导致枪口焰比较明显，尤其是在黑暗中射击。

趣味小知识

时至今日，AK-74 突击步枪的使用已有 30 余年，经过了阿富汗战争和车臣战争的实战考验。

俄罗斯 AK-101 突击步枪

AK-101 是俄罗斯生产的，发射 5.56×45 毫米弹药的突击步枪，是 AK 枪族的成员之一，主要用于出口。

弹匣特写

基本参数	
口径	5.56 毫米
全长	943 毫米
重量	3.4 千克
枪口初速	920 米/秒
弹容量	30 发
相关简介	

研发历史

20 世纪末，伊兹马什公司开始推出多种不同口径的 AK-100 系列突击步枪。AK-100 系列都不是由卡拉什尼科夫设计的，但却是在 AK-74M 的基础上研制的，从结构原理到命名，都体现出这是挖掘 AK 步枪市场潜力的作品。AK-101 是 AK-100 系列的第一种型号，专为出口市场而设计，改用北约标准的 5.56×45 毫米弹药。由于 AK-47 突击步枪在世界上的良好声誉，使 AK-101 突击步枪在世界各国都有订单。

实战性能

AK-101 与 AK-74M 较为相似，采用现代化的复合工程塑料技术，装有 415 毫米枪管，可发射 5.56×45 毫米弹药，射速达到 650 发/分。

趣味小知识

AK 枪族是世界上被生产和使用和仿制最多的枪械之一，据统计，20 世纪 90 年代全世界共有 55 个国家使用 AK 枪械。

俄罗斯 AK-102 突击步枪

AK-102 突击步枪是 AK-100 系列的主要型别之一，可视为 AK-101 突击步枪的缩短版本，类似于以前的 AKS-74U。

弹匣特写

消焰器特写

研发历史

AK-102 突击步枪于 1994 年开始生产，制造商同样是俄罗斯伊兹马什公司，它与之后的 AK-104、AK-105 在设计上都非常相似，唯一的区别是口径和相应的弹匣类型。

实战性能

基本参数	
口径	5.56 毫米
全长	824 毫米
重量	3 千克
枪口初速	850 米 / 秒
弹容量	30 发
相关简介	

AK-102 突击步枪十分轻巧，主要原因是用能够防震的现代化复合工程塑料取代了旧型号所采用的木材。这种新型塑料结构不但能够应对各种恶劣的气候，而且能抵御锈蚀。当然，塑料结构最大的特点是重量更轻。

趣味小知识

相比其他 AK 系列步枪，AK-102 最大的特点是缩短了枪管，使其成为一种介于全尺寸型步枪和紧凑卡宾枪之间的混合形态。

俄罗斯 AK-103 突击步枪

AK-103 是俄罗斯生产的现代化突击步枪，是 AK 枪族成员之一。

枪口特写

局部特写

研发历史

AK-103 突击步枪主要为出口市场而设计，拥有数量庞大的用户，其中包括俄罗斯军队，不过目前只是少量装备。该枪最大的用户是委内瑞拉，该国于 2005 年 5 月与俄罗斯签下合同，购买 10 万支 AK-103 作制式突击步枪，以取代 1953 年开始装备的 FN FAL 突击步枪。

实战性能

AK-103 突击步枪与 AK-74M 突击步枪非常相似，它采用现代化复合工程塑料技术，装有 415 毫米枪管，可加装瞄准镜及榴弹发射器。不过，该枪与 AK-74M 不同的是，它发射 7.62×39 毫米弹药，其射速达到 600 发 / 分。另外，AK-103 除了有可选择单连发射击方式的标准型和只能半自动射击的民用型外，还有一种具有 3 发点射机构的型号 AK-103-2。

基本参数	
口径	7.62 毫米
全长	943 毫米
重量	3.4 千克
枪口初速	750 米 / 秒
弹容量	30 发
相关简介	

趣味小知识

俄罗斯目前只少量装备 AK-103 突击步枪，主要是列装于内务部和联邦安全局的特种部队。

俄罗斯 SR-3 突击步枪

SR-3 是由俄罗斯中央研究精密机械制造局研制并生产的一款 9 毫米口径紧凑型全自动突击步枪。

扳机特写

枪托特写

研发历史

20 世纪 90 年代，俄罗斯中央精准武器制造研究院以 AS Val 微声自动步枪为蓝本研制新一代紧凑型突击步枪。初期试验改装型被命名为 MA，即 Malogabaritnyj Avtomat 小型自动步枪的简写，代号"旋风"。

MA 的初步测试完成后，中央精密机械工程研究院又将该项目的枪械命名为 RG-051。1991 年，首批试产的 RG-051 突击步枪正式交付给克格勃进行测试。5 年后，通过广泛性实战测试的 RG-051 突击步枪被正式定型为 SR-3，并继承之前的代号"旋风"。

基本参数	
口径	9 毫米
全长	610 毫米
重量	2.0 千克
枪口初速	295 米 / 秒
弹容量	10/20/30 发
相关简介	

实战性能

SR-3 突击步枪采用上翻式调节的机械瞄准具，射程分别设定为攻击 100 米和 200 米以内的目标，准星和照门都装有护翼以防损坏。但由于该枪的瞄准基线过短，且亚音速子弹的飞行轨弯曲度太大，所以实际用途与冲锋枪相近，其实际有效射程仅为 100 米。不过，这种 9×39 毫米亚音速步枪弹的贯穿力还是比冲锋枪和短枪管卡宾枪强上许多，能在 200 米距离上贯穿 8 毫米厚的钢板。

趣味小知识

SR-3 突击步枪发射 9×39 毫米亚音速步枪弹，原本配备 10 发和 20 发可拆卸式弹匣，后来根据用户要求又研制了容量更大的新型 30 发聚合物制或钢制可拆卸式弹匣。

俄罗斯 9A-91 突击步枪

9A-91 是一款由俄罗斯于 20 世纪 90 年代初开始研制及生产的突击步枪，目前被俄罗斯军队、警察有限使用。

扳机特写

枪管特写

基本参数	
口径	9 毫米
全长	605 毫米
重量	1.8 千克
枪口初速	270 米 / 秒
弹容量	20 发
相关简介	

研发历史

20 世纪 90 年代初，俄罗斯 KBP 仪器设计厂开始自筹资金自主开发新式的警用近距离武器，设计目标是比 5.45 毫米口径的 AKS-74U 短管突击步枪更轻、有更好的停止作用和侵彻能力，且使用和生产成本较低。新枪在 1992 年研发出来，并从 1994 年开始在图拉兵工厂进行少量生产，同年交付给俄罗斯内务部试用。

实战性能

9A-91 突击步枪虽然有效射程可达 200 米，但由于瞄准基线过短、亚音速子弹本身的飞行轨也太过弯曲，所以其实际有效射程只有约 100 米。不过它发射的 9×39 毫米亚音速步枪子弹仍然比使用手枪子弹的冲锋枪以及短枪管的卡宾枪有着更大的威力，能够贯穿具有三级个人防护能力的头盔和防弹背心。

趣味小知识

9A-91 突击步枪相比功能和用途类似的 SR-3 和 AK-9 突击步枪而言具有一定的优势，例如，比 SR-3 突击步枪更加便宜，人机功效也更好。

俄罗斯 AN-94 突击步枪

AN-94 是俄罗斯现役现代化小口径突击步枪，由根纳金·尼科诺夫于 1994 年研制，1997 年开始服役。

扳机特写

弹匣特写

研发历史

AK-74 小口径步枪问世以后，根据历次战斗经验，士兵们反映该枪的精度不能令人满意。于是，俄罗斯国防部又计划重新研制一种全新的自动步枪，第一代步枪计划被命名为"阿巴坎"。经过一系列测试后，根纳金·尼科诺夫工程师领导的设计小组获得胜利，其成果就是 AN-94 突击步枪。AN-94 突击步枪于 1994 年开始设计，1997 年 5 月 14 日正式列装。

基本参数	
口径	5.45 毫米
全长	943 毫米
重量	3.85 千克
枪口初速	900 米 / 秒
弹容量	30/45/60 发
相关简介	

实战性能

AN-94 突击步枪的精准度极高，在 100 米距离上站姿无依托连发射击时，头两发弹着点距离不到 2 厘米，远胜于 SVD 狙击步枪发射专用狙击的效果，甚至不逊于以高精度著称的 SV98 狙击步枪。

趣味小知识

虽然 AN-94 突击步枪的内部结构精细，但其外表处理比较粗糙，容易磨破衣服或者擦伤皮肤。

俄罗斯 AK-9 突击步枪

AK-9 是俄罗斯生产的现代化突击步枪，发射 9×39 毫米步枪子弹，为卡拉什尼科夫步枪系列的最新型之一。

握把特写

子弹特写

基本参数	
口径	9 毫米
全长	881 毫米
重量	3.8 千克
枪口初速	290 米 / 秒
弹容量	20 发
相关简介	

研发历史

2006 年，俄罗斯伊茨玛希工厂计划设计一款具有 AK 家族特色的新型步枪，主要为特种部队执行反恐怖任务时使用。新枪以 AKS-74U 为基础，使用 9×39 毫米亚音速弹药，并能安装许多枪械附加设备。新枪在 2007 年开始生产，命名为 AK-9 突击步枪。

实战性能

AK-9 突击步枪机匣的左侧装有属于俄罗斯标准的瞄准镜导轨，用以装上 PSO-1 等快速拆卸式光学瞄准镜。此外，该枪的枪管上还能够安装专门为其设计的分离式消声器，这种消音器搭配 9×39 毫米亚音速弹药时特别有效，并且还能快速拆卸。

趣味小知识

　　AK-9 的推出是为了成为 AS Val 突击步枪和 9A-91 突击步枪的竞争对手，而两者分别已经装备于俄罗斯的军队和警察。

俄罗斯 AK-105 突击步枪

AK-105 是俄罗斯生产的 AK-74M 突击步枪的缩短版本，是 AK 枪族的成员之一。

枪托特写

弹匣特写

基本参数	
口径	5.45 毫米
全长	824 毫米
重量	3.0 千克
枪口初速	840 米 / 秒
弹容量	30/60/100 发
相关简介	

研发历史

AK-105 突击步枪的主要用户为俄罗斯军队和执法机构，并用于补充一部分在俄罗斯陆军服役的 AKS-74U 卡宾枪的耗损空缺。此外，该枪还被亚美尼亚军队采用，于 2010 年购入 480 支。

实战性能

AK-105 突击步枪非常轻便，其主要原因是用能够防震的现代化复合工程塑料取代了旧型号所采用的木材。这种新型塑料结构不但可以应对各种恶劣的气候，还可以抵御锈蚀。

趣味小知识

AK-105 突击步枪的供弹装置主要有 3 种，包括 30 发的双排弹匣、60 发的四排弹匣和 100 发的弹鼓。

俄罗斯 AK-107 突击步枪

AK-107 是俄罗斯研制的 5.45×39 毫米口径突击步枪，是 AK-100 枪族的成员之一。

研发历史

20 世纪 90 年代中期，俄军开始装备新型 AN-94 小口径突击步枪，不过由于该枪造价高昂、结构复杂，所以俄军又重新关注起性能可靠、造价低廉的 AK 系列。

于是，在俄军的要求下伊兹马什厂的枪械设计师亚历山德罗夫及其团队成功将 AL-7 的枪机和 AK-74 枪身融合在一起，形成了 AK-107/108 突击步枪。AK-108 是 AK-107 的出口型，采用 5.56×45 毫米北约口径子弹。

基本参数	
口径	5.45 毫米
全长	943 毫米
重量	3.8 千克
枪口初速	900 米 / 秒
弹容量	30/60 发
相关简介	

实战性能

AK-107 突击步枪所采用的平衡自动反冲系统，能够大幅降低步枪的反作用力，使射手受到的影响减少，从而提高射击精度以及加强全自动连射时的可控性。

趣味小知识

AK-107 突击步枪的射击模式有单发、3 发点射和全自动连射 3 种。

俄罗斯 AK-12 突击步枪

AK-12 是伊兹马什公司针对 AK 枪族的常见缺陷而改进的现代化突击步枪，该枪是 AK 枪族的最新成员，于 2010 年公开。

弹匣特写

枪托特写

研发历史

由于这些老式的 AK 系列步枪已经逐渐落伍，所以俄罗斯军队希望装备一种新型步枪。伊兹马什公司为此推出 AK-200 突击步枪计划，并于 2011 年进行测试，但性能没有提高。之后伊兹马什工厂停止了 AK-200 突击步枪的研制，转而开发 AK-12。该枪于 2012 年初正式亮相，并于当年完成初步测试。国家及验收测试于 2013 年初开始，在验收测试结束后正式进行批量生产。

基本参数	
口径	5.45 毫米
全长	945 毫米
重量	3.3 千克
枪口初速	900 米 / 秒
弹容量	30/60/100 发
相关简介	

实战性能

AK-12 突击步枪与 AK 系列很相似，其拉机柄不再与枪机呈现一体化式设计，而是改为可拆卸式，并可以左右安装。此外，AK-12 突击步枪最显著的特点是弹容量更大，可单手操作。

趣味小知识

2014 年 12 月，俄罗斯国防部宣布 AK-12 突击步枪通过国家测试，2018 年 1 月，AK-12 突击步枪正式被俄罗斯军队采用。

德国 StG44 突击步枪

StG44 突击步枪也叫 MP44，德国在二战时期研制并装备的一款突击步枪。

弹匣特写　　　　　　　　握把特写

研发历史

实验证明，20 世纪初的标准步枪弹约对自动步枪来说威力过大，在连发射击时很难控制精度，而且这种步枪弹的重量也较大，不利于单兵携带。于是德国陆军在 20 世纪 30 年代后期开始研制一种威力稍小的短药筒弹药，以便能更好地对应全自动步枪。

1941 年，德国经过反复实验后成功研制出一种规格为 7.92×33 毫米的短药筒弹药，后来被称为中间型威力枪弹。之后，基于这种弹药的新型自动步枪也很快被研制出来，即 StG44 突击步枪。

基本参数	
口径	7.92 毫米
全长	940 毫米
重量	4.62 千克
枪口初速	685 米/秒
弹容量	30 发
相关简介	

实战性能

StG44 突击步枪具有冲锋枪的猛烈火力，连发射击时后坐力小易于掌握，在 400 米距离内拥有良好的射击精度，威力也接近普通步枪弹，且重量较轻，便于携带。此外，StG44 突击步枪成功地将步枪与冲锋枪的特性相结合，因此受到德国前线部队的青睐。

趣味小知识

StG44 突击步枪是最先使用了短药筒的中间型威力枪弹并大规模装备的自动步枪，是现代步兵史上划时代的成就之一。

德国 HK G41 突击步枪

HK G41 突击步枪是德国 HK 公司于 1981 年研制和有限生产的。

枪管特写

研发历史

HK G41 突击步枪是 HK 公司为取代老化的 HK G3 自动步枪而开发，但因造价昂贵而未能得到德国国防军的青睐，最终被后来出现的 G36 所取代。由于没有一个军队或是执法机关大规模装备该枪，所以 HK 公司于 1996 年将其从公司的目录中删除，并停产。但意大利军火生产商路易吉·弗兰基曾获得该枪的生产权。

基本参数	
口径	5.56 毫米
全长	997 毫米
重量	4.1 千克
枪口初速	950 米 / 秒
弹容量	30 发
相关简介	

实战性能

HK G41 突击步枪以击锤来协助射击，快慢机柄有 4 个档，分别为：保险、单发、3 发点射和连发，表示标志是子弹形图像，此外，它还能够充当一个安全说明书，以防止无意之间发射。另外，该枪发射 5.56 毫米北约制式弹药，弹匣为铝制，弹容量为 30 发。

趣味小知识

HK G41 突击步枪的结构与 HK G3 式步枪大致相同，结实可靠，使用寿命达 20 000 发以上。

德国 HK G36 突击步枪

HK G36 是德国 HK 公司在 1995 年推出的现代化突击步枪，是德国联邦国防军自 1995 年以来的制式步枪。

扳机特写

弹匣特写

研发历史

20 世纪 90 年代，在世界上主要国家特别是北约组织的军队都已使用 5.56 毫米口径步枪的情况下，德国联邦国防军也提出了新的制式步枪计划，以替换 7.62 毫米 HK G3 突击步枪。经过评选，HK 公司的 HK50 最终胜出，军用代号被设为 Gewehr 36，简称 G36。该枪在 1995 年被采用，1997 年成为德军制式步枪。

基本参数	
口径	5.56 毫米
全长	999 毫米
重量	3.63 千克
枪口初速	920 米 / 秒
弹容量	30/100 发
相关简介	

实战性能

HK G36 突击步枪大量使用高强度塑料，质量较轻、结构合理、操作方便，模块化设计大大提高了它的战术性能。

趣味小知识

在游戏《战地之王》中有两个版本的 G36，一个版本是新手送的 G36，该枪威力较小，因此大部分玩家不喜欢使用该枪，但由于精度和稳定性极高，所以也有一部分高手称为隐藏的神器。另一个版本为商城 G36 Rail，该枪的精度和稳定性非常高，且射速较高，非常适合新手使用，但也比较破坏手感。

德国 HK 416 突击步枪

HK 416 突击步枪是 HK 公司结合 HK G36 突击步枪和 M4 卡宾枪的优点设计成的。

枪托特写

握把特写

研发历史

HK 416 突击步枪项目负责人是美国三角洲特种部队退伍军人拉利•维克斯，该项目原本称为 HK M4，但因柯尔特公司拥有 M4 系列卡宾枪的商标专利，所以 HK 公司将其改称为 HK 416。由于 HK 416 沿用了很多 M16 枪系的结构，且外形也与之相似，所以对惯用 M16 枪系的人来说很容易上手。该枪有多种衍生型号，包括 HK417、MR223、MR556、HK416C 和 HK M27 IAR 等。

基本参数	
口径	5.56 毫米
全长	1037 毫米
重量	2.95 千克
枪口初速	730 米 / 秒
弹容量	20 发
相关简介	

实战性能

HK 416 突击步枪采用了 HKG36 突击步枪的短冲程活塞传动式系统，枪托底部设有降低后坐力的缓冲塑料垫，机匣内有泵动活塞缓冲装置，有效减少后坐力和污垢对枪机运动的影响，从而提高武器的可靠性。另外，HK416 突击步枪还配有只能发射空包弹的空包弹适配器，以杜绝误装实弹而引发的安全事故。

趣味小知识

在游戏《战地之王》中，HK 416 是一款射速快、威力大的突击步枪，但美中不足的是射程较近。因此对较远距离的战斗而言该枪的射程是远远不够的。

比利时 FN FNC 突击步枪

FN FNC 突击步枪是比利时 FN 公司在 20 世纪 70 年代中期生产的，由 FN CAL 的设计改进而成。

局部特写

枪管特写

基本参数	
口径	5.56 毫米
全长	997 毫米
重量	3.8 千克
枪口初速	966 米／秒
弹容量	30 发
相关简介	

研发历史

20 世纪 70 年代中期，为参加北约小口径步枪选型试验，FN 公司在 FN CAL 突击步枪的基础上研制 FN FNC 突击步枪，并于 1976 年造出样枪，不过该枪因在试验中出现故障而竞争失败。

后来，FN 公司针对试验中暴露的问题进行了大量改进。1979 年 5 月，FN FNC 突击步枪开始投入批量生产。目前，除比利时外，尼日利亚、印度尼西亚和瑞典等国家也有装备。

实战性能

FN FNC 突击步枪的枪管用高级优质钢制成，内膛精锻成型，其强度、硬度、韧性较好，耐蚀抗磨。其前部有一圆形套筒，除可用于消焰外，还可发射枪榴弹。另外，击发系统与其他现代小口径突击步枪相似，有 3 种发射方式：半自动、3 点发和全自动。

趣味小知识

FN FNC 突击步枪有两种不同长度的枪管，一种是膛线缠距为 305 毫米的标准枪管，发射美国 M193 枪弹。另一种是膛线缠距为 178 毫米的短枪管，发射比利时 SS109 枪弹。

比利时 FN F2000 突击步枪

FN F2000 突击步枪是比利时 FN 公司研制的，目前已被不少国家的特种部队采用。

研发历史

FN F2000 突击步枪的研制开始于 1995 年，当时 FN 公司着手研制一种新的武器系统，考虑到未来特种作战的需要，公司将模块化思想从始至终地贯穿这个新产品的开发中。

为满足士兵在战场环境中很容易更换部件来适应不同情况的需求，该枪可以非常方便地更换各个模块，而且为未来可能出现的新型部件留下了接口。

基本参数	
口径	5.56 毫米
全长	688 毫米
重量	3.6 千克
枪口初速	910 米 / 秒
弹容量	30 发
相关简介	

实战性能

FN F2000 突击步枪在成本、工艺性及人机工程等方面苦下功夫，不但很好地控制了质量，而且平衡性也很优秀，非常易于携带、握持和使用，同样也便于左撇子使用。FN F2000 突击步枪采用无托结构，虽然有 400 毫米长的枪管，但全长仅688 毫米。

趣味小知识

FN F2000 突击步枪的首次亮相是在 2001 年 3 月的阿拉伯联合酋长国阿布扎比举行的 IDEX 展览会上。

比利时 FN SCAR 突击步枪

SCAR 是 SOF Combat Assault Rifle(特种部队战斗突击步枪) 的简称，于 2007 年 7 月开始小批量量产，并有限配发给军队使用。

扳机特写

弹匣特写

基本参数	
口径	5.56/7.62 毫米
全长	965 毫米
重量	3.26 千克
枪口初速	714 米 / 秒
弹容量	20 发
相关简介	

研发历史

SCAR 突击步枪是比利时 FN 公司为了满足美军特战司令部的 SCAR 项目而制造的现代化突击步枪，由 FN 公司美国南加州哥伦比亚厂制造。2004 年 11 月，特种作战司令部正式宣布 SCAR 突击步枪在 SCAR 项目竞争中胜出，并给出第二批 SCAR 样枪的生产合同。2007 年 9 月至 11 月，美国陆军于亚伯丁测试场对 SCAR 突击步枪进行一项沙尘测试。2008 年，FN 公司宣布半自动板型的 SCAR 将有可能向美国民间市场开放销售。

实战性能

SCAR 的两种版本：轻型 (Light，SCAR-L，Mk 16 Mod 0) 和重型 (Heavy，SCAR-H，Mk 17 Mod 0)。L 型发射 5.56×45 毫米北约弹药，使用类似于 M16 的弹匣，L 型只不过是钢材制造，虽然比 M16 的塑料弹匣更重，但是强度更高，可靠性也更好。H 型发射威力更大的 7.62×51 毫米北约弹药，使用 FN FAL 的 20 发弹匣，不同枪管长度可以用于不同的模式。

趣味小知识

在游戏《穿越火线》中，SCAR 是 CF 点武器，其中 L 型的特点是头两发子弹精度较高，持枪移动速度快，缺点是射速慢、后坐力大；H 型的特点是子弹威力大，但持枪速度一般，且同 L 版一样射速慢、后坐力大。

捷克斯洛伐克 Vz.58 突击步枪

Vz.58 突击步枪是由捷克斯洛伐克研制的，发射苏联 7.62×39 毫米中间型威力枪弹。

弹匣特写

握把特写

研发历史

Vz.58 突击步枪的研发始于 1956 年，当时枪械设计师伊日·塞马克以另一名枪械设计师伊曼纽尔·哈力克所设计的类似 AK-47 的步枪为基础并加以改良，形成了一款新的突击步枪，这就是 Vz.58。Vz.58 突击步枪样枪很快就得到捷克斯洛伐克军队的肯定，从 1959 年开始服役。

基本参数	
口径	7.62 毫米
全长	845 毫米
重量	2.91 千克
枪口初速	705 米 / 秒
弹容量	30 发
相关简介	

实战性能

Vz.58 突击步枪的发射机构整体设计相对简单，而且只有很少的活动部件。导气装置由活塞、活塞簧、导气箍、枪管和上护木的有关部分组成。活塞与枪管轴线间的距离较 AK-47 小，只有 19 毫米，减小了火药燃气作用于活塞的冲量距，有利于提高射击精度。

趣味小知识

服役后，Vz.58 突击步枪很快就全面取代了捷克斯洛伐克军队装备的 CZ 23、CZ 24、CZ 25、CZ 26 冲锋枪以及 Vz.52 半自动步枪。

捷克 CZ-805 "布伦" 突击步枪

CZ-805 "布伦" 突击步枪是由捷克布罗德兵工厂研制的，为捷克军队的新型制式步枪。

握把特写

弹匣特写

研发历史

CZ-805 "布伦" 突击步枪于 2009 年首次向公众展示，2010 年被捷克军队选定为下一代的制式军用步枪，并向布罗德兵工厂发出生产合同。CZ-805 "布伦" 突击步枪是一款具现代化外观的模组化单兵武器，它虽然与曾经的竞争对手——比利时 FN SCAR 突击步枪有着相似的外形，但在设计上与之有着明显差异。除捷克军队装备外，未来很有可能出口到其他国家。

基本参数	
口径	5.56/7.62 毫米
全长	910 毫米
重量	3.6 千克
枪口初速	620 米 / 秒
弹容量	30 发
相关简介	

实战性能

CZ-805 "布伦" 突击步枪有单发、2 发点射和全自动 3 种射击模式，手动保险和快慢机柄在枪身两侧都有，以方便射手快速切换射击模式。除此之外，该枪的枪管能够快速拆卸，以便于更改口径或更换枪管长度。

趣味小知识

CZ-805 "布伦" 突击步枪的每种口径都有 4 种不同长度枪管，分别是：短突击型、标准型、精确射击型和班用自动步枪型。

南非 R4 突击步枪

R4 是南非于 20 世纪 80 年代在以色列加利尔突击步枪的基础上改良而成的一款突击步枪，发射 5.56×45 毫米北约步枪弹。

枪托特写

弹匣特写

研发历史

在 R4 突击步枪服役之前，南非军队装备的 7.62×51 毫米口径的 R1、R2 和 R3 步枪性能已经落后于现代小口径步枪，进入 20 世纪 80 年代后，南非开始跟随西方国家以 5.56 毫米作新式步枪的口径，并决定以自行生产的加利尔 AR 改进型作为制式步枪，命名为 R4。

实战性能

R4 突击步枪是以以色列的加利尔突击步枪为基础授权改良而成，它保留了 Ak-47 优良的短冲程活塞传动式、转动式枪机，并采用加利尔的握把式射击模式选择钮和机匣上方的后照门以及 L 形拉机柄，还使用了更加轻便的塑料护木。

基本参数	
口径	5.56 毫米
全长	740 毫米
重量	4.3 千克
枪口初速	980 米 / 秒
弹容量	35/50 发
相关简介	

趣味小知识

R4 突击步枪主要由利特尔顿兵工厂生产，后又因各种原因该兵工厂停产，于是转由维克多公司继续生产。

南非 CR-21 突击步枪

CR-21 是一款南非生产的无托结构突击步枪，该枪由维克多武器公司设计及生产。

后部分特写

扳机特写

研发历史

早在 1972 年，南非就向以色列军事工业购买了加利尔步枪的特许生产证，之后由丹尼尔集团旗下的维克多武器公司对其进行改良，形成了 R4 系列步枪。R4 系列步枪被南非军队大量装备，以取代老旧的 R1 自动步枪。

进入 20 世纪 90 年代初，南非军队认为 R4 系列步枪太长，开始寻找新型制式步枪，因此维克多将 R4 系列步枪改为无托结构设计，其结果就是 CR-21 突击步枪。

基本参数	
口径	5.56 毫米
全长	760 毫米
重量	3.72 千克
枪口初速	980 米／秒
弹容量	20/35 发
相关简介	

实战性能

CR-21 突击步枪是以 R4 系列步枪为基础并略为修改，以便将其改为无托结构设计，尽可能使用原来制造部件的概念以降低成本，并保持其可靠性和降低其重量。枪管内的膛线采用"冷锻法"制成，内膛镀铬以增强耐磨性，使用弹药为 5.56×45 毫米 SS109 步枪子弹。

趣味小知识

CR-21 意为 CompactRifle-21st Century，即 21 世纪紧凑型突击步枪。

法国 FAMAS 突击步枪

FAMAS 是法国军队及警队的制式突击步枪，也是世界上著名的无托式步枪之一。

弹匣特写

扳机特写

基本参数	
口径	5.56 毫米
全长	757 毫米
重量	3.8 千克
枪口初速	925 米 / 秒
弹容量	25 发
相关简介	

研发历史

FAMAS 突击步枪由法国轻武器专家保罗·泰尔于 1967 年开始研制，法国研制该枪的指导思想是既能取代 MAT49 式 9 毫米冲锋枪和 MAS 49/56 式 7.5 毫米步枪，又能取代一部分轻机枪。该枪在 1967 年开始设计，1971 年推出原型，1978 年成为法军制式突击步枪。除法国军队外，加蓬、吉布提、黎巴嫩、塞内加尔、阿联酋等国的军队也有装备 FAMAS 突击步枪。

实战性能

FAMAS 突击步枪在 1991 年参与了沙漠风暴行动及其他维持和平行动，法国军队认为 FAMAS 突击步枪在战场上非常可靠。不管是在近距离的突发冲突还是中远距离的点射，FAMAS 突击步枪都有着优良的表现。该枪单发、3 发点射和连发 3 种射击方式，射速较快，弹道非常集中。

趣味小知识

FAMAS 突击步枪首次在 CS 系列中亮相是出现在 CS 1.6 里，弹匣容量 25 发，常被 CT 在经济不佳时作为 M4 的替代品使用，且性能颇佳。此外，FAMAS 突击步枪还是不少战争影片和警匪影片中的常客。

奥地利 AUG 突击步枪

AUG 是由奥地利斯泰尔·曼利夏公司于 1977 年推出的军用突击步枪，它是史上首次正式列装、实际采用犊牛式设计的军用步枪。

扳机特写

弹匣特写

研发历史

AUG 突击步枪于 20 世纪 60 年代后期开始研制，其目的是替换当时奥地利军方采用的 Stg.58 自动步枪。原计划发展步枪、卡宾枪和轻机枪这 3 种枪型，后来又增加了冲锋枪。1977 年正式被奥地利陆军采用，1978 年开始批量生产。除奥地利外，AUG 突击步枪还被多个国家的军警用户采用，包括英国、美国、阿根廷、澳大利亚、新西兰、沙特阿拉伯等国家。

基本参数	
口径	5.56 毫米
全长	790 毫米
重量	3.6 千克
枪口初速	970 米/秒
弹容量	30 发
相关简介	

实战性能

AUG 突击步枪将以往多种已知的设计理念聪明地组合起来，组合成一个可靠美观的整体。它是当时少数拥有模组化设计的步枪，其枪管可快速拆卸，并与枪族中的长管、短管、重管互换使用。在奥地利军方的对比试验中，AUG 突击步枪的性能表现可靠，而且在射击精度、目标捕获和全自动射击的控制方面表现优秀，与FN CAL（比利时）、Vz58（捷克）、M16A1（美国）等著名步枪相比毫不逊色。

趣味小知识

在游戏《穿越火线》中，AUG 是一款性能优良的突击步枪，其最大特点是装有瞄准镜，非常适合中远距离上的点射。其总体性能相当稳定。

瑞士 SIG SG 550 突击步枪

SG 550 突击步枪是瑞士 SIG 公司于 20 世纪 70 年代研制的，是瑞士陆军的制式步枪，也是世界上最精确的突击步枪之一。

枪托特写

枪口特写

研发历史

20 世纪 70 年代后半期，在世界轻武器出现小口径浪潮的情况下，瑞士军方也决定寻求一种小口径步枪，取代部队装备的 SG510 系列 7.62 毫米步枪。经过评比，瑞士军方在 1983 年 2 月最终选择了瑞士工业公司的 SG541 步枪，采用后命名为 SIG SG 550。

基本参数	
口径	5.56 毫米
全长	998 毫米
重量	4.05 千克
枪口初速	905 米 / 秒
弹容量	5/ 10/ 20/ 30 发
相关简介	

实战性能

SIG SG 550 突击步枪大量采用冲压件和合成材料，大大减小了全枪的重量。枪管用镍铬钢锤锻而成，枪管壁很厚，没有镀铬。另外，消焰器长 22 毫米，其上可安装新型刺刀，标准型的 SIG SG 550 突击步枪有两脚架，以提高射击的稳定性。

趣味小知识

除瑞士陆军以外，还有巴西、智利、法国、德国、波兰、罗马尼亚、西班牙等国的军队或特种部队采用 SIG SG 550。

意大利 AR70/90 突击步枪

AR70/90 突击步枪是 20 世纪 70 年代由枪械制造商伯莱塔设计和生产的突击步枪，也是目前意大利武装部队的制式步枪，发射 5.56×45 毫米北约口径步枪子弹。

枪托特写

弹匣特写

研发历史

20 世纪 70 年代，北约的各成员国开始考虑采用 5.56 毫米 M193 弹药，来取代原先的 7.62 毫米弹药，于是伯莱塔便在意大利国防部的要求下开始了新一代突击步枪的设计，用于全面取代 BM59 自动步枪。最终成果是 AR70/90 突击步枪，1990 年 6 月正式获得意大利军队采用。

基本参数	
口径	5.56 毫米
全长	998 毫米
重量	3.99 千克
枪口初速	950 米 / 秒
弹容量	30/100 发
相关简介	

实战性能

AR70/90 突击步枪发射 5.56×45 毫米北约口径步枪弹，并设有枪榴弹瞄准具。该枪连接扳机的保险装置贯穿枪身两侧，以方便左手射手操作使用。

趣味小知识

除意大利外，还有墨西哥、摩洛哥、马来西亚、尼日利亚、约旦、马耳他、巴拉圭、津巴布韦等国均采用过 AR70/90 突击步枪。

加拿大 C7 突击步枪

C7 突击步枪是加拿大军队的制式步枪，为 M16 突击步枪的衍生型。

研发历史

C7 突击步枪的设计与 M16 突击步枪绝大部分相同。基本型的 C7 与柯尔特 M16A1E1 和 M16A2 相似，早期的 C7 突击步枪为柯尔特生产，型号为 M715。C7 突击步枪除了被加拿大军队采纳为制式步枪外，其他使用国还包括英国特种空勤团（SAS）及英国皇家海军陆战队、丹麦军队（制式步枪）、澳大利亚特种空勤团（SASR）、荷兰海军陆战队。

基本参数	
口径	5.56 毫米
全长	1006 毫米
重量	3.3 千克
枪口初速	900 米/秒
弹容量	30 发
相关简介	

实战性能

C7 突击步枪具备全自动发射能力，配发 30 发塑料弹匣，还能与 M16 的铝制弹匣通用。另外，C7 突击步枪可加挂德国黑克勒·科赫公司研制的 40 毫米 G36 榴弹发射器。

趣味小知识

此外，该枪还衍生出了 C8 系列卡宾枪。C8 系列卡宾枪的用户包括加拿大、荷兰、冰岛、英国、丹麦和挪威等。

墨西哥 FX-05 突击步枪

FX-05 突击步枪是由墨西哥军队装备产业总局研制并生产的，该枪在 2006 年 9 月 16 日的阅兵仪式上亮相，目前已被墨西哥军队选为制式步枪。

研发历史

为取代已在墨西哥军队中装备多年的 HK G3A3 自动步枪，墨西哥政府最初计划引进德国 HK G36 突击步枪，甚至都已经制订转让技术和设备计划。但最终墨西哥政府出于希望下一代制式步枪能发射新的 6.8×43 毫米 SPC 步枪弹而取消了这个引进方案，并下令开始进行 FX-05 项目。

实战性能

基本参数	
口径	5.56 毫米
全长	1087 毫米
重量	3.89 千克
枪口初速	956 米 / 秒
弹容量	30 发
相关简介	

FX-05 突击步枪有 3 种射击模式，包括半自动、3 点发和全自动，使用弹药为 5.56×45 毫米北约标准弹药。除此之外，FX-05 突击步枪还是世界少有的使用多边形膛线的突击步枪，这种膛线消除了正常膛线的凹膛，取而代之的是一种如平滑的斜坡和凹处的膛线。虽然这种膛线制造更难，且价格更加昂贵，但好处也显而易见——枪管寿命更长，且更加准确。

趣味小知识

FX-05 突击步枪有多个衍生型号以对应不同的用途，其中主要有突击步枪型、卡宾枪型、轻机枪型和特等射手步枪型。

日本丰和89式突击步枪

89式突击步枪是日本丰和工业于20世纪80年代末研制的一款小口径突击步枪。

研发历史

89式突击步枪是丰和工业公司根据北约标准而研制的一款5.56毫米口径突击步枪，该枪为丰和6式7.6毫米自动步枪的后继型，由丰和工业公司基于美制AR-18突击步枪开发而成。日本自卫队于1989年开始装备89式，日本向伊拉克派遣的海外维和队使用的也是该枪。

实战性能

89式5.56毫米突击步枪是64式7.62毫米自动步枪的后继产品，防尘盖可前后移动，不射击时向前推上。能在枪口装美军现役的M9刺刀，此外还有专用刺刀，同时还可使用06式枪榴弹。采用可卸式3发点射机构，不与单、连发基本扳机机构连为一体。另外，活塞和活塞筒设计独特，不但可以有效地避免火药气体污染枪机，还有助于提高其动作可靠性和零部件寿命。

基本参数	
口径	5.56毫米
全长	916毫米
重量	3.5千克
枪口初速	920米/秒
弹容量	20/30发
相关简介	

趣味小知识

89式突击步枪在研制之初就针对64式的缺点作了大幅改进，改进之处包括：体积比64式小，重量也从64式的4.4千克减为3.5千克。

韩国 K2 突击步枪

K2 是韩国大宇集团生产并装备韩国陆军的突击步枪，它是一支坚固、耐用且较为精确的突击步枪。

研发历史

K2 突击步枪于 1972 年开始研制，1982 年开始生产，1984 年开始进入韩国陆军服役。该枪曾搭配 20 世纪 90 年代初期的运动步枪枪托短暂地进入美国武器市场，不过由于这批民用型版本采用简陋的瞄具与粗糙的表面处理，没有受到美国使用者的欢迎。

实战性能

K2 突击步枪是长冲程导气、发射 5.56×45 毫米北约制式弹药，以 20 发或 30 发弹匣供弹。但美中不足的是，K2 突击步枪的散热性能较差、连续射击 200 发以后枪身便会过热，还时常出现卡弹、不能闭锁等问题。

基本参数	
口径	5.56 毫米
全长	970 毫米
重量	3.26 千克
枪口初速	920 米 / 秒
弹容量	20/30 发
相关简介	

趣味小知识

K2 突击步枪既能发射美国的 M193 式 5.56 毫米枪弹，又能发射比利时的 SS109 式 5.56 毫米枪弹。

Chapter 05

狙击步枪

狙击步枪通常是指精度和射程比一般步枪更高更远的精密型步枪。其部署以战术为主，但是能够发挥战略性效用。狙击步枪的射击精度极高，主要用于攻击敌方的重要目标。

美国雷明顿 M1903A4 狙击步枪

M1903A4 是在 M1903A3 春田步枪的基础上改进而来的狙击步枪，是美军在二战中的制式武器。

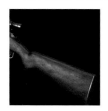

枪托特写

光学瞄准镜特写

研发历史

1942 年，美国陆军总司令部指令兵工厂研制新型狙击步枪，并推荐配用韦弗 330C 等小型猎枪用瞄准镜。同年底，雷明顿公司与陆军签订了将 M1903A3 步枪改为狙击步枪的合同。1943 年 1 月 21 日，美国将新枪命名为 M1903A4 狙击步枪，同年 6 月开始生产。

实战性能

M1903A4 狙击步枪配用的两种瞄准镜体积小、重量轻，作战中不容易被碰撞或挂住，可靠性良好。不过，在南太平洋诸岛的丛林游击战中，防水性不足的 M73B1 瞄准镜不能适应高温潮湿的丛林环境，导致水汽侵入镜中后无法瞄准。为进一步改善 M73B1 的密封性，从而开发了防水性良好的瞄准镜。

基本参数	
口径	7.62 毫米
全长	1098 毫米
重量	3.95 千克
枪口初速	853 米/秒
弹容量	5 发
相关简介	

趣味小知识

M1903A4 狙击步枪从 1943 年 6 月开始生产到 1944 年 2 月停止生产为止，雷明顿公司共生产了约 28 000 支 M1903A4 狙击步枪。

美国雷明顿 M40 狙击步枪

M40 狙击步枪是雷明顿旋转后拉式步枪之一，其改进型号目前仍在服役。

瞄准镜特写

枪托特写

基本参数	
口径	7.62 毫米
全长	1 050 毫米
重量	4.08 千克
枪口初速	870 米 / 秒
弹容量	10 发
相关简介	

研发历史

　　M40 狙击步枪和 M24 狙击手武器系统都是雷明顿 700 旋转后拉式枪机步枪的衍生型，但 M40 狙击步枪问世的时间更早。雷明顿 700 步枪自 1962 年推出，就以其精确性和威力受到称赞。20 世纪 60 年代，由于越南战争的需要，美国海军陆战队要求研制一种正规的新式狙击步枪。经过测试，1966 年 4 月 7 日美国海军陆战队决定以雷明顿 700 步枪为基础研制的狙击步枪，改进后命名为 M40。

实战性能

　　在美国海军陆战队的狙击作战中，即使用力敲击该枪的瞄准镜，其零位也会保持不变。在美国，M40 狙击步枪被视为现代狙击步枪的先驱。它被称为冷战"绿色枪王"，且在越南战争和其他局部战争中频繁出现。

趣味小知识

　　M40 狙击步枪曾在电影《美国狙击手》中被一名美国海军陆战队狙击手所使用。该枪还在《狙击生死线》中被鲍勃·李·斯瓦格于故事开头时使用。

美国麦克米兰 TAC-50 狙击步枪

TAC-50 是一种军队及执法部门用的狙击武器，是加拿大军队 2000 年以来的制式"长距离狙击武器"。

脚架特写

瞄准镜特写

研发历史

TAC-50 狙击步枪是由美国麦克米兰兄弟步枪公司在 1980 年推出的反器材步枪。2000 年，加拿大军队将 TAC-50 选为制式武器，并重新命名为"C15 长程狙击武器"。除此之外，TAC-50 狙击步枪的用户还包括法国海军突击队、格鲁吉亚陆军特种部队、约旦特别侦察团、波兰陆军特种部队、南非警察特别任务队、土耳其陆军山区突击队、以色列特种部队和秘鲁陆军等。

基本参数	
口径	12.7 毫米
全长	1448 毫米
重量	11.8 千克
枪口初速	850 米 / 秒
弹容量	5 发
相关简介	

实战性能

TAC-50 狙击步枪用的是 12.7×99 毫米 NATO 口径子弹，子弹高度和罐装可乐相同，破坏力惊人，狙击手可用它来对付装甲车辆和直升机。该枪还因其有效射程远而闻名世界。

趣味小知识

2002 年，加拿大军队的罗布·福尔隆下士在阿富汗某山谷上，以 TAC-50 狙击步枪在 2430 米距离击中一名塔利班武装分子，创出当时最远狙击距离的世界纪录。

美国雷明顿 M24 狙击步枪

M24 狙击步枪是雷明顿 700 步枪的衍生型之一，提供给军队及警察用户，在 1988 年正式成为美国陆军的制式狙击步枪。

瞄准镜特写

脚架特写

基本参数	
口径	7.62 毫米
全长	1092.2 毫米
重量	5.5 千克
枪口初速	853 米 / 秒
弹容量	5/10 发
相关简介	

研发历史

1988 年，美军将 M24 狙击手武器系统选为新的制式武器。狙击步枪从雷明顿 700 步枪演变而来，由于性能非常优异，所以逐渐取代了其他狙击步枪，成为美军的主要狙击武器。目前，美国陆军正以 M110 狙击步枪逐步取代 M24，但在 2010 年前它仍然是制式狙击步枪之一，其他剩余的 M24 将更换枪机和枪管来提供更远射程。

实战性能

为了耐受沙漠恶劣的气候，M24 狙击步枪特别采用碳纤维与玻璃纤维等材料合成的枪身枪托，能够在 −45~65℃气温变化中正常使用。该枪的精度较高，射程可达 1000 米，但每打出一颗子弹都要拉动枪栓一次。此外，该枪对气象物候条件的要求很严格，潮湿空气可能改变子弹方向，而干热空气又会造成子弹打高。

趣味小知识

为了确保射击精度，M24 狙击步枪设有瞄准具、夜视镜、聚光镜、激光测距仪和气压计等配件，远程狙击命中率较高，但使用较为烦琐。

美国 M25 狙击步枪

M25 狙击步枪是美国陆军特种部队和海军特种部队于 20 世纪 80 年代后期以 M14 自动步枪为基础研制的一种轻型狙击步枪。

研发历史

M25 狙击步枪最初是由美国陆军第 10 特种大队的汤姆·柯柏 上士设计的一种 M21 狙击手武器系统的改进型，由美国陆军和海军联合研制。1991 年，美军把这种改进后的 M21 正式命名为 M25。

实战性能

特种部队认为，用 M25 作狙击小组的观瞄手武器比 M16/M203 的组合更佳（美国陆军和海军陆战队的狙击小组中的观瞄手通常是使用这种组合作为支援武器），因为它能够准确地射击 500 米外的目标，另外 M25 也可以作为一种城市战的狙击步枪使用。

基本参数	
口径	7.62 毫米
全长	1125 毫米
重量	4.9 千克
枪口初速	800 米 / 秒
弹容量	10/20 发
相关简介	

趣味小知识

M25 狙击步枪主要供应美国陆军特种部队和海军海豹突击队。在 1991 年的海湾战争中，海豹突击队就曾使用该枪参战。

美国巴雷特 M82 狙击步枪

M82 狙击步枪是美国巴雷特公司研制的重型特殊用途狙击步枪，主要有 3 种型号，分别是 M82A1、M82A2 和 M82A3。

枪管特写

脚架特写

基本参数	
口径	12.7 毫米
全长	1219 毫米
重量	14 千克
枪口初速	853 米 / 秒
弹容量	10 发
相关简介	

研发历史

M82 狙击步枪源自朗尼·巴雷特建立的，使用 12.7×99 毫 NATO(.50 BMG) 口径弹药的半自动狙击步枪专案。该口径弹药原本为勃朗宁 M2HB 重机枪所用。M82 狙击步枪于 20 世纪 80 年代早期开始研发，1982 年造出第一把样枪并命名。1986 年，巴雷特研发出 M82A1。1987 年，更先进的 M82A2 无托式步枪研发成功。M82 系列最新的产品是 M82A1M，被美国海军陆战队大量装备并命名为 M82A3 SASR。

实战性能

M82 狙击步枪是美军唯一的"特殊用途的狙击步枪"，可以用于反器材攻击和引爆弹药库。它具有超过 1500 米的有效射程，甚至有过 2500 米的命中纪录，超高动能搭配高能弹药，可以有效摧毁雷达站、卡车等战略物资，因此也称为"反器材步枪"。

趣味小知识

美国海岸警卫队还使用 M82 狙击步枪进行反毒作战，有效打击了海岸附近的高速运毒小艇。

美国巴雷特 M107 狙击步枪

　　M107 是巴雷特公司在美国海军陆战队使用的 M82A3 狙击步枪的基础上发展而来，能够击发大威力 12.7 毫米的口径弹药。

枪托特写

瞄准镜特写

研发历史

　　1999 年，巴雷特 M95 狙击步枪被美军选中参与 XM107 选型，但未能选中。由于已有预算分配给 XM107，因此后来美军寻求新型长程枪支时，为了避免预算问题复杂化，决定将新购买的 M82 命名为 M107。2003 年 9 月，巴雷特公司赢得了 M107 狙击步枪项目生产合同，由位于新泽西州皮卡汀尼兵工厂负责生产。

基本参数	
口径	12.7 毫米
全长	1448 毫米
重量	12.9 千克
枪口初速	853 米 / 秒
弹容量	10 发
相关简介	

实战性能

　　M107 狙击步枪具有可靠性高和适于操作使用的特点。与 M24 式 7.62 毫米狙击步枪相比，M107 式狙击步枪配有更大倍率的光学瞄准具，且能够发射多种 12.7 毫米弹药。

趣味小知识

　　M107 狙击步枪曾被美国陆军物资司令部评为 "2004 年美国陆军十大最伟大科技发明" 之一，现已被美国陆军全面列装。

美国巴雷特 XM109 狙击步枪

XM109 狙击步枪是美国巴雷特公司制造的一种口径达到 25 毫米的狙击步枪，其威力非常惊人，具有攻击轻型装甲车辆的能力，主要执行远距离狙击任务。

研发历史

虽然 M82A1 狙击步枪已经具备攻击轻型装甲车辆的能力，但是 12.7 毫米子弹在远距离上对装甲目标的破坏力却相对有限。为了最大限度地发掘大口径狙击步枪的潜力，巴雷特公司在 1999 年推出了一款 25 毫米口径的狙击步枪，这就是 XM109。

实战性能

基本参数	
口径	25 毫米
全长	1168 毫米
重量	20.9 千克
枪口初速	425 米 / 秒
弹容量	5 发
相关简介	

XM109 狙击步枪的最大攻击距离可以达 2000 米左右，其使用 25 毫米大口径子弹。该子弹由 AH-64 "阿帕奇" 武装直升机上 M789 机炮使用的 30 毫米高爆子弹改进而来，至少能够穿透 50 毫米厚的装甲钢板，可以轻松地摧毁包括轻装甲车辆和停止的飞机在内的各种敌方轻型装甲目标。据称，这种 25 毫米口径弹药的穿透力是 12.7 毫米口径穿甲弹的 2.5 倍以上。

趣味小知识

XM109 可以视作 "狙击炮"，这种射程远、威力大的狙击武器对使用轻装甲的机械化步兵来说绝对是一场噩梦。特别是在一些地形奇特的地区，一支 XM109 狙击步枪能够打乱或者打垮一个装甲排。

美国巴雷特 M98B 狙击步枪

M98B 狙击步枪是由美国巴雷特公司研制的旋转后拉式枪机式手动狙击步枪，于 2008 年 10 月正式公布，2009 年初开始销售。

瞄准镜特写

枪托特写

研发历史

1997 年，巴雷特公司的枪械设计师开始设计新式狙击步枪，主要目标是在不以现有运动步枪为基础的前提下设计一款精确战术型 .338 Lapua Magnum 狙击步枪。1998 年，新设计的 M98 狙击步枪在内华达州拉斯维加斯的 SHOT Show 中展出。不过，由于巴雷特 M99 狙击步枪的出现，M98 从未投入生产。直到 21 世纪初，朗尼·巴雷特的儿子克里斯才恢复了巴雷特对 .338 口径步枪的关注和研发，并且在 2009 年的 SHOT Show 之中推出了巴雷特 M98B 狙击步枪。

基本参数	
口径	8.59 毫米
全长	1264 毫米
重量	6.12 千克
枪口初速	940 米 / 秒
弹容量	10 发
相关简介	

实战性能

M98B 狙击步枪是一款威力适中的远距离狙击步枪，威力介于 7.62 毫米和 12.7 毫米这两种主流口径狙击步枪之间。该枪精度较高，在 500 米距离的弹着点散布直径是 6 厘米，在 1600 米距离可以无修正命中人体目标。M98B 狙击步枪不仅是有效的反人员狙击步枪，在一定程度上也可以作为反器材步枪使用。

趣味小知识

M98B 狙击步枪外形粗犷，主体由铝合金切削而成，且采用骨架化设计，有效减轻了全枪质量，适合单兵携行使用。

美国巴雷特 M95 狙击步枪

M95 狙击步枪是美国巴雷特公司研制的重型无托结构狙击步枪，取代巴雷特 M90 的后继产品。

扳机特写

枪托特写

基本参数	
口径	12.7 毫米
全长	1143 毫米
重量	10.7 千克
枪口初速	854 米 / 秒
弹容量	5 发
相关简介	

研发历史

巴雷特公司在推出大口径半自动无托结构狙击步枪 M90 以后，为了使其操作和价格比起军用型巴雷特 M82A1 更简单和更便宜，从而设计及生产了 M95 狙击步枪。1999 年，M95 狙击步枪曾参加美军新一代制式狙击步枪的选型测试，但最终不敌 M82 狙击步枪。

实战性能

M95 狙击步枪的设计意图在实战中得到了彻底体现，它在操作上要比 M82 更为简单，相比之下，M82 几乎只作为军队和执法机关的"大杀器"而存在。据称，M95 狙击步枪的精度极高，能够保证在 900 米的距离上 3 发枪弹的散布半径不超过 25 毫米。

趣味小知识

目前 M95 狙击步枪最少被 15 个国家的军队和执法机关采用，包括丹麦特种部队、奥地利特种部队、约旦特种部队、法国国家宪兵特勤队、希腊军队、芬兰军队和西班牙军队等。

美国巴雷特 M99 狙击步枪

M99 狙击步枪是美国巴雷特公司于 1999 年推出的新产品，别名 BIGSHOT，取英文"威力巨大，一枪毙命"之意。

扳机特写

脚架特写

基本参数

基本参数	
口径	10.57/12.7 毫米
全长	1280 毫米
重量	11.4 千克
枪口初速	900 米 / 秒
弹容量	1 发
相关简介	

研发历史

巴雷特公司在推出大口径的 M82 及 M95 后，为了再提高精确度及降低长度，又以 M95 为基础设计出一种犊牛式结构、旋转后拉式枪机、内置弹仓只可放 1 发子弹的狙击步枪，即 M99 狙击步枪。由 M99 狙击步枪的弹仓只可放 1 发子弹而且不设弹匣，在军事用途上缺乏竞争力，所以现在主要是向民用市场及执法部门发售。

实战性能

M99 狙击步枪外形美观庄重，结构简单，只要拔下 3 个快速分解销就能完成不完全分解，而且它的修理和保养也非常方便。由于采用多齿刚性闭锁结构，非自动发射方式，即发射 1 发枪弹后，需手动退出弹壳，并手动装填第 2 发枪弹，该枪主要使用 12.7×99 毫米大口径勃朗宁机枪弹，必要时也可以发射同口径的其他机枪弹，主要打击目标是指挥部、停机坪上的飞机、油库、雷达等重要设施。

趣味小知识

M99 狙击步枪有两种口径，分别是 .50BMG（12.7 毫米）和 .416 Barrett（10.57 毫米）。

美国阿玛莱特 AR-50 狙击步枪

AR-50 狙击步枪是由美国阿玛莱特公司于 20 世纪末研制及生产的单发旋转后拉式重型狙击步枪，发射 12.7×99 毫米北约步枪子弹。

脚架特写

研发历史

阿玛莱特 AR-50 狙击步枪在 1997 年开始设计，并在 1999 年的 SHOT Show 上首次公开，同年开始对民间发售。目前，该枪已更新为 AR-50A1B，它装有更平滑顺畅的枪机、新型枪机挡和加固型枪口制动器。

实战性能

虽然 AR-50 狙击步枪是一支高精度的大口径步枪，但在 1999 年后，巴雷特 M82 系列取代了 AR-50 狙击步枪的地位，因为它在战斗期间远比 AR-50 有效。只有 1 发子弹的 AR-50 狙击步枪无法在短时间内攻击多个目标，但 M82 系列却可以。

基本参数	
口径	12.7 毫米
全长	1511 毫米
重量	16.33 千克
枪口初速	840 米 / 秒
弹容量	1 发
相关简介	

趣味小知识

目前，AR-50 狙击步枪仅作为民用，主打低端市场，其销售价格较同类型武器下降约 50%。

美国风行者 M96 狙击步枪

风行者 M96 是由美国 EDM 武器公司生产的旋转后拉式枪机狙击步枪，发射 12.7×99 毫米口径步枪子弹。

扳机特写

瞄准镜特写

基本参数	
口径	12.7 毫米
全长	1 270 毫米
重量	15.42 千克
枪口初速	853 米 / 秒
弹容量	5 发
相关简介	

研发历史

风行者 M96 狙击步枪的设计者为 EDM 武器公司的枪械设计师威廉·里奇。2001 年，EDM 武器公司曾将风行 M96 狙击步枪的机匣设计提供给夏伊战术公司，并且让后者研发及出售发射 .408 CheyTac 或 .375 CheyTac 子弹 CheyTac M200 狙击步枪。

2006 年，EDM 武器公司又将风行者 M96 狙击步枪的机匣设计的制造权出售给了复仇女神武器公司，后者生产的机匣可以通过转换一些零件，使风行者 M96 狙击步枪能够发射 .308 Winchester 步枪子弹。

实战性能

尽管风行者 M96 狙击步枪外形很简陋，但 EDM 武器公司的官方资料宣称其精度很高。该枪被设计成能够在 1 分钟之内不利用任何工具就能分解成 5 个或 2 个部分，从而缩短整体长度以便携带和储存。分解后的风行者 M9 狙击步枪全长不超过 813 毫米，并能够在战场上快速组装，且精度不变。

趣味小知识

目前，风行者 M96 狙击步枪已被一些美军特种部队所采用。此外，加拿大军队和土耳其栗色贝雷帽特种部队也少量采用了该枪。

美国哈里斯 M96 狙击步枪

哈里斯 M96 狙击步枪是由美国哈里斯枪厂研制及生产的半自动狙击步枪，发射 12.7×99 毫米北约口径制式步枪子弹。

研发历史

哈里斯枪厂位于美国亚利桑那州菲尼克斯，原本与麦克米兰公司合伙，后来拆伙后生意一落千丈，最终倒闭。哈里斯 M96 狙击步枪是该公司最为出色的产品之一，目前已被美国海军陆战队和马来西亚军队大量使用。

实战性能

哈里斯 M96 狙击步枪采用导气活塞式自动原理，只能半自动射击，据说哈里斯 M96 狙击步枪的可靠性较强，已经通过美国军方的恶劣环境试验。

基本参数	
口径	12.7 毫米
全长	1450 毫米
重量	11.35 千克
枪口初速	820 米/秒
弹容量	5 发
相关简介	

趣味小知识

哈里斯M96狙击步枪的枪管为重型的自由浮置式，枪口安装有大型的多孔式枪口制动器。

英国 No.4 Mk I (T) 狙击步枪

No.4 Mk I (T) 狙击步枪是英国在二战期间以李－恩菲尔德步枪改进而来的狙击武器。

枪托特写

瞄准镜特写

研发历史

李－恩菲尔德步枪是 1895 年至 1956 年英军的制式手动步枪，有大量衍生型。1942 年，英国将标准型 No.4 步枪，加上木质托腮板及 No.32 望远式瞄准镜，成为 No.4 Mk I (T) 狙击步枪，T 是瞄准镜的缩写。

基本参数	
口径	7.7 毫米
全长	1130 毫米
重量	4.11 千克
枪口初速	744 米／秒
弹容量	10 发
相关简介	

实战性能

No.4 Mk I (T) 狙击步枪与一般李－恩菲尔德步枪的结构大致相同，这类步枪的特点在于采用由詹姆斯·帕里斯·李发明的旋转后拉式枪机和盒形可卸式弹匣，后端闭锁的旋转后拉式枪机装填子弹速度比较快；安装固定式盒型双排容量 10 发弹匣装弹，提高了持续火力，是实战中射速最快的旋转后拉式枪机步枪之一，而且具有可靠、枪机行程短、操作方便的优点。

趣味小知识

No.4 Mk I (T) 狙击步枪一直被英联邦国家使用到 20 世纪 60 年代，之后被 L42A1 狙击步枪所取代。

英国帕克黑尔 M82 狙击步枪

帕克黑尔 M82 是狙击步枪由英国帕克黑尔公司以 1200TX 打靶步枪改进而成的军用版本手动狙击步枪，曾被数个国家的军队和执法机关所采用。

研发历史

帕克黑尔 M82 狙击步枪的研制始于 20 世纪 60 年代，不仅能够供军用，还可供治安部队使用，也可作为射手训练步枪和比赛用运动步枪。1972 年，该枪的出口型 C3 和 C3A1 开始在加拿大军队服役。1984 年，帕克黑尔 M82 停止生产。2000 年，帕克黑尔公司倒闭。2003 年，C3 和 C3A1 正式从加拿大军队退役。

基本参数	
口径	7.62 毫米
全长	1162 毫米
重量	4.8 千克
枪口初速	840 米 / 秒
弹容量	4 发
相关简介	

实战性能

M82 狙击步枪的射击精度较高，日间在 400 米距离上，或在被动式夜间瞄准具作用距离上，首发命中率可达 99%。

```
趣味小知识
```
    M82 狙击步枪的自由浮动式重型枪管用镍铬钢冷锻而成，这种枪管的强度比普通枪管高 5% ~ 10%，提高了耐磨损性能。

英国帕克黑尔 M85 狙击步枪

M85 狙击步枪是英国帕克黑尔公司参加英国陆军新一代狙击步枪招标时推出的产品，该枪性能优异。

基本参数	
口径	7.62 毫米
全长	1150 毫米
重量	5.7 千克
枪口初速	860 米 / 秒
弹容量	10 发
相关简介	

研发历史

1982 年的马岛战争以后，英军为取代在当代已经过时和缺陷明显的李 – 恩菲尔德 L42A1 狙击步枪，开始为新型狙击手武器系统展开竞标。帕克黑尔 M85 和精密国际 PM、HK PSG1、SIG SSG2000、雷明顿 700 一样参加了英国陆军的选型，并坚持到了最后一轮试验，但英国陆军最终选择了精密国际的 P 狙击步枪。即便如此，帕克黑尔 M85 还是以其优异的性能被巴西海军陆战队所采用。

局部特写

实战性能

M85 狙击步枪的枪口部有枪口制动器，不仅能够消焰，还可以减小后坐力。

趣味小知识

M85 狙击步枪目前已经停产，但是还在英军中服役，随着狙击技术的发展，在不久的将来会被更先进的狙击步枪系统所取代。

英国 PM 狙击步枪

PM 狙击步枪是英国精密国际公司"北极作战"系列的原型枪，被英军于 20 世纪 80 年代中期以 L96 的名称列装。

研发历史

20 世纪 80 年代初，英国开始为新的狙击手武器系统进行竞标，到 1982 年底仅有帕克黑尔和精密国际两家公司有幸参与最后的竞争。

最终，精密国际提交的 PM 狙击步枪赢得了竞标，英军购买了超过 1200 支步兵用 PM 狙击步枪，并将其命名为 L96。随后，其他国家如法国外籍兵团也购买了一些步兵用 PM 狙击步枪。作为该公司第一种军用狙击步枪，PM 狙击步枪对于精密国际来说是一款意义非凡的产品，此后大名鼎鼎的北极作战系列狙击步枪便是以它为原型。

基本参数	
口径	7.62 毫米
全长	1194 毫米
重量	6.5 千克
枪口初速	330 米 / 秒
弹容量	10 发
相关简介	

实战性能

英军在为新型狙击步枪招标时的要求极高，在 600 米射程首发命中率要达到 100%，1000 米射程内要获得很好的射击效果，必须采用 10 发可拆卸弹匣。PM 狙击步枪能在包括帕克黑尔 M85 在内的众多竞争中脱颖而出，其作战性能势必要达到甚至超越英军的选型标准。

趣味小知识

PM 狙击步枪主要有步兵型、警用型和隐藏型 3 种。

英国 AS50 狙击步枪

AS50 狙击步枪是精密国际公司研制的重型半自动狙击步枪，发射 12.7×99 毫米北约制式步枪子弹。

枪管特写

基本参数	
口径	12.7 毫米
全长	1369 毫米
重量	12.3 千克
枪口初速	800 米/秒
弹容量	5/10 发
相关简介	

研发历史

AS50 狙击步枪是精密国际专为特种作战研制的狙击步枪，主要用以打击敌方物资和无装甲或轻装甲作战装备的敌人。它在 2005 年 1 月美国拉斯维加斯 SHOT Show 之中首次公开展示，目前已被美国特种作战司令部辖下的多个特种部队采用。

实战性能

AS50 狙击步枪具有可运输性，符合人体工程学和轻便等优点。它可以在不借助任何工具的情况下于 3 分钟之内完成分解或重新组装。据说，AS50 狙击步枪能够对超过 1500 米距离的目标进行精确狙击。

趣味小知识

AS50 狙击步枪射程远、出弹快、后坐力小，所以它是当今最尖端的武器之一。

俄罗斯莫辛 – 纳甘 M1891/30 狙击步枪

　　莫辛 – 纳 M1891/30 狙击步枪是在 M1891/30 手动步枪的基础上改进而成，是苏联军队在二战时期的主要狙击武器。

瞄准镜特写

扳机特写

研发历史

　　二战期间，苏联效仿苏芬战争中芬兰军方的做法，征召国内的猎人作为狙击手队伍的骨干，并且使用加装瞄准镜的莫辛 – 纳甘 M1891/30 步枪作为狙击步枪。莫辛 – 纳甘 M1891/30 狙击步枪一直沿用到 20 世纪 60 年代，在当时的几场局部战争中也有使用。

基本参数	
口径	7.62 毫米
全长	1306 毫米
重量	4.27 千克
枪口初速	860 米 / 秒
弹容量	5 发
相关简介	

实战性能

　　莫辛 – 纳甘 M1891/30 狙击步枪的设计缺陷在于：重量大，瞄准镜的倍数小，只有 3.5 倍，因此只适合进行 600 米内的狙杀。

趣味小知识

　　莫辛 – 纳甘 M1891/30 狙击步枪历经一战、苏联内战、二战，是俄罗斯军队的标准步兵装备。

俄罗斯 SVD 狙击步枪

SVD 狙击步枪是由苏联设计师德拉贡诺夫在 1958 年至 1963 年研制的半自动狙击步枪，也是现代第一支为支援班排级狙击与长距离火力支援用途而专门制造的狙击步枪。

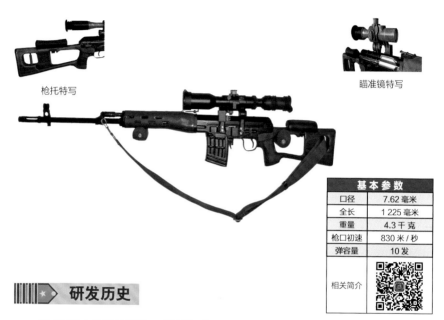

枪托特写

瞄准镜特写

基本参数	
口径	7.62 毫米
全长	1 225 毫米
重量	4.3 千克
枪口初速	830 米 / 秒
弹容量	10 发
相关简介	

研发历史

SVD 狙击步枪的研发可以追溯到 1958 年，当时苏联提出设计一种半自动狙击步枪的构想，要求提高射击精度，又必须保证武器能够在恶劣的环境条件下可靠地工作，而且必须简单轻巧紧凑。苏联军队在 1963 年选中了由叶夫根尼·费奥多罗维奇·德拉贡诺夫设计的半自动狙击步枪，用以代替莫辛 - 纳甘 M1891/30 狙击枪。通过进一步的改进后，在 1967 年开始装备部队。

实战性能

随着莫辛 - 纳甘 M1891/30 狙击步枪的退役，SVD 狙击步枪成为苏联军队的主要精确射击装备。但由于苏军狙击手是随同大部队进行支援任务，而不是以小组进行渗透、侦查、狙击，以及反器材 / 物资作战，因此 SVD 狙击步枪发挥的作用有限，仅仅将班排单位的有效射程提升到 800 米，更远距离的射击能力则受限于 SVD 狙击步枪光学器材与枪支性能。

俄罗斯 SVDK 狙击步枪

SVDK 是 SVD 狙击步枪的衍生型之一，它继承了 SVD 的精髓设计，并在局部加以改进。

研发历史

SVDK 是苏联军方一个命名为 Vzlomshik（断路器）的项目的研究成果之一，同时进行的还有 7.62 毫米 SV-98 狙击步枪、12.7 毫米 ASVK 反器材步枪。SVDK 发射俄罗斯新研制的 9.3×64 毫米 7N33 穿甲弹，针对的目标是穿着重型防弹衣或躲藏在掩体后面的敌人。

基本参数	
口径	9.3 毫米
全长	1 250 毫米
重量	6.5 千克
枪口初速	770 米 / 秒
弹容量	10 发
相关简介	

实战性能

SVDK 狙击步枪可作为一种轻便的反器材步枪使用，其优点是比普通的反器材步枪要轻便得多，其弊端是威力较小，因为它的威力远比不上 12.7 毫米的大口径步枪，射程也比大口径步枪要近得多。

趣味小知识

SVDK 的基本机构与 SVD 非常相似，虽然机匣和其他操作部件均被重新设计，为了容纳更大和更强大的子弹，但都具有相同的短行程导气式活塞、二段位置式气体调节器和三径向锁耳式转拴式枪机。

俄罗斯 OSV-96 狙击步枪

OSV-96"胡桃夹子"是由俄罗斯 KBP 仪器设计厂研制的大口径重型半自动狙击步枪，发射 12.7×108 毫米枪弹。

枪托特写

瞄准镜特写

研发历史

OSV-96 狙击步枪是由 20 世纪 90 年代初 KBP 仪器设计厂研制的 12.7 毫米 V-94 试验型反器材步枪改进而成，主要用途是打击距离超过 1000 米的目标，反狙击、贯穿厚墙和轻型装甲战斗车辆。OSV-96 狙击步枪除了用以出口外，也被俄罗斯特种部队和在车臣的内政部部队少量采用。

实战性能

OSV-96 狙击步枪重量轻、在托折时尺寸很短、非常便于携带。该枪具备自动装填能力，可以在短时间内最多向目标发射 5 发子弹，而且射手在射下一发弹时不必改变原来的射击姿势，因此显著提高了对移动和隐蔽目标的射击效果，大大增加了在远距离上成功命中目标的概率。

基本参数	
口径	12.7 毫米
全长	1 746 毫米
重量	11.7 千克
枪口初速	900 米 / 秒
弹容量	5 发
相关简介	

趣味小知识

OSV-96 狙击步枪的缺点是噪声过大，因此在射击时要佩戴耳塞。

俄罗斯 SVU 狙击步枪

SVU 是 SVD 狙击步枪的衍生型之一，采用无托结构，主要用户为俄罗斯内政部部队。

弹匣特写

枪托特写

研发历史

SVU 狙击步枪是 1991 年应俄罗斯内政部特警队的要求而研发的特别款，主要目的是方便特警队在建筑物中进行火力支援。严格地说，虽然 SVU 是 SVD 的改良型，且有 40% 的零件通用，但与 SVDS 及 SVDK 不同的是，SVU 狙击步枪的研制与德拉贡诺夫毫无关系，因而其名称中也没有德拉贡诺夫名字的缩写。

基本参数	
口径	7.62 毫米
全长	870 毫米
重量	3.6 千克
枪口初速	800 米 / 秒
弹容量	10/ 20 发
相关简介	

实战性能

为适合在近距离战斗中使用，SVU 狙击步枪在枪口上有特制的消声消焰装置，搭配可拆卸两脚架、10 发或 20 发装弹匣，射手可以根据自身需求装卸。此外，SVU 狙击步枪非常紧凑，有效射程也比 SVD 近。不过，由于特警队平均交火距离不超过 100 米，因此有效射程的缩短并没有太大的影响，而其较短的枪身也特别适合在狭小空间内使用。

趣味小知识

1994 年，俄罗斯内政部部队曾在车臣战争中使用过 SVU 狙击步枪。

俄罗斯 SV-98 狙击步枪

SV-98 是由俄罗斯枪械设计师弗拉基米尔·斯朗斯尔研制、伊兹马什工厂生产的手动狙击步枪，以高精度著称。

枪托特写

扳机特写

研发历史

自 20 世纪 60 年代以来，SVD 系列狙击步枪一直是苏联军队乃至现今俄罗斯军队的主要狙击武器。尽管 SVD 狙击步枪作为战术支援武器很有效，但在中远距离上的精度很差，不适合远距离的精确射击，也不适合面对人质劫持之类的任务。

开发新型远程精确狙击步枪尤为必要，因此伊兹马什工厂的枪械设计师弗拉基米尔·斯朗斯尔于 1998 年开始设计 SV-98 狙击步枪。同年，SV-98 狙击步枪被俄罗斯执法机关和反恐部队少量试用，2005 年底正式被俄罗斯军方采纳。

基本参数	
口径	12.7 毫米
全长	1125 毫米
重量	5 千克
枪口初速	820 米 / 秒
弹容量	10 发
相关简介	

实战性能

SV-98 狙击步枪的战术定位专一而明确：专供特种部队、反恐部队及执法机构在反恐行动、小规模冲突以及抓捕要犯、解救人质等行动中使用，以隐蔽、突然的高精度射击火力狙杀白天或低照度条件下 1 000 米以内、夜间 500 米以内的重要有生目标。

趣味小知识

2010 年，亚美尼亚军方也购入了 52 支 SV-98 狙击步枪，不过，SV-98 狙击步枪保养比较烦琐，使用寿命较短。

俄罗斯 KSVK 狙击步枪

KSVK 是俄罗斯研制的 12.7 毫米大口径重型无托结构狙击步枪。

脚架特写

枪托特写

研发历史

KSVK 狙击步枪由总部设在俄罗斯科夫罗夫的狄格特亚耶夫厂于 20 世纪 90 年代末开发。它是在 SVN-98 试验型反器材步枪的基础上改进而来，后者采用 Kord 重机枪的枪管，并直接使用 PKM 通用机枪的两脚架。由于当时 SVN-98 只发射普通机枪弹，因此精度较差，300 米平均散布达到 160 毫米。之后经过一系列改进，最终定型为 KSVK。

基本参数	
口径	12.7 毫米
全长	1 400 毫米
重量	12 千克
枪口初速	900 米 / 秒
弹容量	10 发
相关简介	

实战性能

KSVK 狙击步枪可以通用 12.7 毫米大口径普通机枪弹，也可以使用专门的高精度狙击弹，以提高在远距离上的射击精度。图拉弹药工厂为 KSVK 特别生产了命名为 SPB-12.7 的高精度子弹，拥有不错的射击精度。即便不使用高精度狙击弹，KSVK 狙击步枪也能在 300 米的距离击中直径 160 毫米的圆靶。除此之外，KSVK 狙击步枪还能够贯穿厚厚的砖墙或木板墙并且杀伤躲在墙壁后方的敌人。

趣味小知识

KSVK 狙击步枪主要用途是反狙击、贯穿厚厚的墙壁和轻装甲车辆。

德国 PSG-1 狙击步枪

PSG-1 是德国 HK 公司研制的半自动狙击步枪，是世界上最精确的狙击步枪之一。

脚架特写

枪托特写

研发历史

1972 年慕尼黑奥运会惨案中，缺乏专业狙击武器的前联邦德国警察无法迅速与恐怖分子交战，造成人质大量伤亡。此后，HK 公司受命研发一种高精度，大容量弹匣，适合警用的半自动步枪，并最终在 G3 突击步枪的基础上开发出了 PSG-1 狙击步枪。

基本参数	
口径	7.62 毫米
全长	1 200 毫米
重量	8.1 千克
枪口初速	868 米 / 秒
弹容量	5/20 发
相关简介	

实战性能

PSG-1 狙击步枪大量使用高技术材料，并采用模块化结构，各部件的组合很合理，人机工效设计比较优秀。比如，扳机护圈比较宽大，射手可以戴手套进行射击。但美中不足的是，PSG-1 狙击步枪重量较大，不适合移动使用。此外，其子弹击发之后弹壳弹出的力量相当大，据说可以弹出 10 米之远。虽然对于警方的狙击手来说不是个问题，但却很大程度上限制了其在军队的使用，因为这很容易暴露狙击手的位置。

趣味小知识

PSG-1 的主要使用者为德国警察部队和特种部队，此外还包括英国、美国、加拿大、马来西亚、波兰和委内瑞拉等国的军警用户。

德国 MSG90 狙击步枪

MSG90 狙击步枪是德国 HK 公司研制的半自动军用狙击步枪，以 PSG-1 狙击步枪为基础改进而来。

扳机特写

脚架特写

基本参数	
口径	7.62 毫米
全长	1 165 毫米
重量	6.4 千克
枪口初速	800 米 / 秒
弹容量	5/20 发
相关简介	

研发历史

HK 公司研制的 PSG-1 狙击步枪拥有极高的射击精度，不过其价格太高，重量也太重，并且射击时弹壳弹出的力道太大，射击后常常找不到弹出的弹壳，虽然这些缺点对于特警队而言并不会造成太大的问题，但是对军方在战场上运用的情形来说，就会造成极大的不便，因此 PSG-1 狙击步枪并没有被德国联邦国防军采用。

为了改变这种局面，HK 公司开始对 PSG-1 狙击步枪进行改良，试图让其符合军事用途。HK 公司将 PSG-1 狙击步枪的设计简化，减轻枪身各部的重量，并使用轻量化的枪管，达到了降低成本及减轻重量的目标，而成品就是 MSG90 狙击步枪。

实战性能

MSG90 狙击步枪采用了直径较小、重量较轻的枪管，在枪管前端接有一个直径 22.5 毫米的套管，以增加枪口的重量，在发射时抑制枪管振动。除此之外，该枪与 PSG-1 一样，也可以选用两脚架或三脚架支撑射击，虽然三脚架更加稳定，但作为野战步枪，两脚架会比较适合。

趣味小知识

MSG 是德文 Militarisch Scharfschutzen Gewehr 的缩写，意思是"军用精确步枪"，而"90"即开始生产的 1990 年。

德国 SP66 狙击步枪

SP66 是德国毛瑟公司专门为军队狙击手和执法部门研制的单发狙击步枪，其外形与运动步枪相似。

枪托特写

局部特写

研发历史

SP66 狙击步枪是毛瑟 66 型系列猎枪的衍生型之一，1976 年正式推出。毛瑟 66 型系列猎枪有多种型号，包括枪管长 600 毫米的基本型、枪管长 530 毫米的 66ST 型、发射大威力马格努姆弹的 66S 型和 66SM 型，以及用于射击比赛的 66D 型和 66SD 型等。SP66 狙击枪便是在比赛型的基础上改进而来。SP66 狙击步枪性能优异，推出后被德国、意大利和以色列等多个国家的军队和警察部队采用。

基本参数	
口径	7.62 毫米
全长	1 120 毫米
重量	6.12 千克
枪口初速	850 米 / 秒
弹容量	4 发
相关简介	

实战性能

SP66 狙击步枪的击针簧力度很强，击针打击底火的速度非常快，枪机闭锁时间大幅缩短。该枪的扳机力和行程都可调整，扳机上还配有 10 毫米宽的扳机护圈，射手戴手套时也能进行射击，使用为其特制的 7.62 毫米狙击步枪弹。

趣味小知识

1985 年，毛瑟公司停止生产 SP66 狙击步枪，转而生产毛瑟 86SR 狙击步枪。不过，一些国家装备的 SP66 狙击步枪至今仍然使用。

德国 G3SG/1 狙击步枪

G3SG/1 狙击步枪是 HK G3 步枪的一种衍生型，虽然只是一支用自动步枪拼凑出来的狙击步枪，但它仍然被多个国家的军队采用。

研发历史

G3SG/1 狙击步枪是德国 HK 公司应德国联邦国防军的要求，在标准型 G3 自动步枪的验收过程中，挑选出弹着点完全符合规定要求且散布最小的枪支，为它们装上两脚架、枪托托腮板和瞄准镜，再加上一些改装而成。虽然现在德国联邦国防军已经换装 G22 狙击步枪，但 G3SG/1 狙击步枪仍在军队中服役。此外，英国、意大利、法国、阿根廷、希腊、西班牙和马来西亚等国的军队也少量采用了 G3SG/1。

基本参数	
口径	7.62 毫米
全长	1 025 毫米
重量	5.54 千克
枪口初速	800 米／秒
弹容量	5/20 发
相关简介	

实战性能

由于狙击步枪主要是用于精确射击目标，扳机力要求比其他枪械小，所以 G3SG/1 狙击步枪在扳机后方设有调整杆，允许射手自行调整扳机扣力，不同于一般的半自动狙击枪，G3SG/1 狙击步枪仍然拥有全自动发射功能。除此之外，该枪配用特制的 7.62×51 毫米射击比赛用枪弹。

> **趣味小知识**
>
> G3SG/1 狙击步枪目前已停止生产。除德国警察和特种部队外，意大利和其他一些国家的警察也装备了此枪。

德国 SL9SD 狙击步枪

SL9SD 狙击步枪是德国 HK 公司以 HK G36 突击步枪改造而成的 SL8 半自动民用运动型步枪的狙击步枪版本。

研发历史

SL9SD 狙击步枪设计目的是提供一种轻巧、紧凑、可以在任何情况使用的半自动狙击步枪，并缩短了特等射手和真正的狙击手之间的差距。

SL9SD 狙击步枪由 SL8 半自动步枪改进而来，而 SL8 则是 HK G36 突击步枪的半自动民用型版本。据说，德国联邦警察第 9 国境守卫队正在对 SL9SD 进行全面的测试，而德国联邦国防军也正在考虑引进 SL9SD 以取代 G3ZF 或 G3SG/1。

基本参数	
口径	7.62 毫米
全长	1 150 毫米
重量	4.6 千克
枪口初速	310 米 / 秒
弹容量	10 发
相关简介	

实战性能

SL9SD 狙击步枪发射专用的 7.62×37 毫米亚音速步枪子弹，并以 10 发特制可拆式弹匣作为供弹方式。据说其枪口装上微声器射击时的噪声可小于 100 分贝，并可在 100 米处一击贯穿三级防护的防弹衣。

趣味小知识

SD 是德语 Schalld mpfer 的简写，意为"微声器"。

德国 DSR-1 狙击步枪

DSR-1 由德国 DSR 精密公司研制的紧凑型无托狙击步枪，主要供警方神射手使用。

枪托特写   脚架特写

研发历史

DSR-1 是 "1 号防御狙击步枪" 之意，该枪由现已停止生产的埃尔玛 SR-100 狙击步枪改进而成。2004 年之前，位于奥本多夫的德国 AMP 技术服务公司也曾生产和销售过 DSR-1。

目前，除德国联邦警察第 9 国境守备队和特别行动突击队以外，奥地利 GEO 特警队、爱沙尼亚警察部队、卢森堡特警部队、拉脱维亚军队、马来西亚皇家空军反恐特种部队和西班牙警察部队等单位也采用了 DSR-1 狙击步枪。

基本参数	
口径	7.62 毫米
全长	990 毫米
重量	5.9 千克
枪口初速	340 米 / 秒
弹容量	4/5 发
相关简介	

实战性能

DSR-1 狙击步枪采用了大量高技术材料，如铝合金、钛合金、高强度玻璃纤维复合材料，既减轻了重量，又保证了武器的坚固性和可靠性。该枪的精度很高，据说能小于 0.2MOA。

趣味小知识

2015 年，在《使命召唤》中，DSR-1 狙击步枪被一名神射手在巴塞罗那的乡村庄园的交火中所使用。

德国 86SR 狙击步枪

86SR 狙击步枪是德国毛瑟公司于 20 世纪 80 年代为特种部队和警察设计的。

研发历史

86SR 狙击步枪是毛瑟 SP66 狙击步枪的改进型，在 20 世纪 80 年代中期由毛瑟公司研制，1985 年推出时也在生产线上代替了 SP66。

实战性能

基本参数	
口径	7.62 毫米
全长	1 270 毫米
重量	5.9 千克
枪口初速	320 米 / 秒
弹容量	9 发
相关简介	

与 SP66 狙击步枪相比，86SR 狙击步枪改用了可拆卸的大容量弹匣，因此火力更强。86SR 狙击步枪的盒形弹匣可以容纳 9 发 7.62 毫米北约标准步枪弹。该枪曾通过严格的寒带地区和热带地区试验，并在各种条件下都能保证首发命中，因此受到特种部队的喜爱。

趣味小知识

86SR 狙击步枪用以取代毛瑟 SP66 狙击步枪，同时也可用作比赛步枪。

法国 FR-F1 狙击步枪

FR-F1 是法国地面武器工业公司在 MAS 36 手动步枪和 MAS49/56 半自动步枪的基础上改进而来的狙击步枪。

研发历史

20 世纪 60 年代初，法国军队迫切需要有一种能够进行精确瞄准、实现首发命中的步枪，以执行特殊战斗任务、打击重要目标。

法国地面武器工业公司在 MAS 36 手动步枪和 MAS 49/56 半自动步枪的基础上，研制出 7.5 毫米 FR-F1 狙击步枪的样枪，经全面试验后，于 1964 年完成定型，随后装备到法国陆军。后来，为了减轻后勤负担、方便使用，法国地面武器工业公司又研制了发射 7.6 毫米北约制式弹的 FR-F1 狙击步枪。这两种口径的 FR-F1 狙击步枪都曾装备法国军队，并服役多年，到 20 世纪 80 年代中期以后，才逐步被 FR-F2 狙击步枪所取代。

基本参数	
口径	7.5 毫米
全长	1 200 毫米
重量	5.2 千克
枪口初速	780 米 / 秒
弹容量	10 发
相关简介	

实战性能

FR-F1 狙击步枪采用旋转后拉式枪机，只能进行单发射击。此外，该枪能够根据射手需要，在枪托上加装高 8 毫米或 17 毫米的托腮板。两脚架采用可折叠的两节伸缩式架杆，也可根据射手的需要调整两脚架的高低，不使用时可向前折叠到前护木下。

趣味小知识

FR-F1 狙击步枪主要是作为步兵分队的中、远程狙击武器，打击重点目标。

奥地利 SSG 69 狙击步枪

SSG 69 是奥地利斯太尔·曼利夏公司研制的旋转后拉式枪机狙击步枪，目前是奥地利陆军的制式狙击步枪，也被不少执法机关所采用。

瞄准镜特写

扳机特写

▶ 研发历史

第二次世界大战结束后，奥地利联邦国防军曾使用过美制 M1903A4 狙击步枪，后来又采用了德制毛瑟 98K 步枪，该枪在奥地利被称为 SSG59 狙击步枪。在北约确定 7.62×51 毫米枪弹为制式枪弹后，SSG59 被改为 7.62 毫米口径。20 世纪 60 年代中期，奥地利军方提出了设计新型狙击步枪的要求，新型狙击步枪在 400 米距离上对头像靶、600 米距离上对胸靶、800 米距离上对跑动靶的命中率至少要达到 80%。根据这一标准，斯太尔曼利夏公司在 1969 年成功设计出 SSG 69 狙击步枪，并迅速装备奥地利军队。

基本参数	
口径	7.62 毫米
全长	1 140 毫米
重量	3.9 千克
枪口初速	860 米 / 秒
弹容量	5 发
相关简介	

▶ 实战性能

SSG 69 狙击步枪是一种手动装填步枪，开、闭锁时需人工将枪机转动 60 度。闭锁方式为枪机回转式。扳机为两道火式，扳机行程的长短和扳机拉力的大小均可以进行调整。枪托采用合成材料制成，枪托底板后面的缓冲垫可以拆卸，因此枪托长度可以调整。

瑞士 SSG 3000 狙击步枪

SSG 3000 是瑞士 SIG 公司于 1984 年推出的一款 7.62 毫米口径狙击步枪，在欧洲及美国的执法机关和军队之中比较常见。

枪托特写   脚架特写

研发历史

SSG 3000 是以 Sauer 2000 STR 比赛型狙击步枪为蓝本设计而成的警用狙击步枪，1997 年开始生产。SSG 是德语 Scharf Schutzen Gewehr 的简称，意为"精确射手步枪"。SSG 3000 的主要使用国包括巴西、智利、哥伦比亚、捷克、印度、挪威、斯洛伐克、韩国、泰国、美国和英国等。

基本参数	
口径	7.62 毫米
全长	1 180 毫米
重量	5.44 千克
枪口初速	830 米 / 秒
弹容量	5 发
相关简介	

实战性能

SSG 3000 狙击步枪可在枪管上面连上 1 条长织带遮蔽在枪管上方，其作用是为了防止枪管暴晒下发热，上升的热气在瞄准镜前方产生海市蜃楼，妨碍射手进行精确瞄准。SSG 3000 的枪口装置具有制动及消焰功能，两道火扳机可以单 / 双动击发，其行程和扳机力可以调整。

趣味小知识

SSG 3000 狙击步枪采用模块式构造，枪管和机匣为一个组件，而扳机组和弹仓为一个组件，主要零件都能够快速转换。

Chapter 06

霰弹枪

　　霰弹枪是指无膛线并以发射霰弹为主的枪械，一般外形和大小与半自动步枪相似，但明显区别是有较大口径和粗大的枪管。霰弹枪的火力大，杀伤面广，是近战的高效武器，已被各国特种部队和警察部队广泛采用。

美国雷明顿 870 霰弹枪

雷明顿 870 是由美国雷明顿公司制造的泵动式霰弹枪，在军队、警队及民间市场颇为常见。

扳机特写　　　　　　　　　　　　　　　　　　　枪管特写

研发历史

约翰·本德森在早期设计出 Model 10，后与约翰·勃朗宁一起进行设计工作，便设计出 Model 17 及优秀的 Model 31。但雷明顿为了寻求更佳的市场占有率，在 20 世纪 50 年代推出坚固耐用、可靠、价钱低廉的雷明顿 870。从 20 世纪 50 年代初至今，雷明顿 870 霰弹枪一直是美国军、警界的专用装备，美国边防警卫队尤其钟爱此枪。

基本参数	
口径	18.53 毫米
全长	1 280 毫米
重量	3.6 千克
枪口初速	404 米 / 秒
弹容量	9 发
相关简介	

实战性能

雷明顿 870 霰弹枪在恶劣气候条件下的耐用性和可靠性较好，尤其是改进型雷明顿 870 霰弹枪，采用了许多新工艺和附件。除了军警单位外，雷明顿 870 在民间市场也颇为常见。多数使用者都是买来用于狩猎、竞技、自卫等用途，也有人制作非法的削短型版本并用于犯罪。

趣味小知识

电影《魔鬼终结者：未来救赎》里使用雷明顿 870 霰弹枪折叠枪托型和固定枪托型，前者被凯尔·里斯所使用，后者被巴恩斯所使用。

美国雷明顿 1100 霰弹枪

雷明顿 1100 是美国雷明顿公司研制的半自动气动式霰弹枪，其被认为是第一种在后坐力、重量和性能上获得满意改进的半自动霰弹枪。

枪托特写

局部特写

研发历史

雷明顿 1100 在 1963 年设计完成，至 2006 年仍在生产，雷明顿 1100 推出之后，马上成为飞碟射击运动中流行的器材，其还专门设计了一种弹壳收集装置，能够避免在射击比赛中抛出的弹壳伤及一旁的运动员。此外，在北美的执法机构也装备并使用。目前已知装备有雷明顿 1100 霰弹枪的还有巴西里约热内卢警局、墨西哥海军陆战队以及马来西亚特种部队等。

基本参数	
口径	18.53 毫米
全长	1 250 毫米
重量	3.6 千克
枪口初速	400 米 / 秒
弹容量	9 发
相关简介	

实战性能

雷明顿 1100 霰弹枪由于其优异的设计和性能，还保持着连续射击 24 000 发而无故障的惊人纪录。直到今天，很多 20 世纪 60~70 年代生产的产品依旧在可靠地使用。雷明顿公司还推出了很多纪念和收藏版本，此外该型还有供左撇子射手使用的 12 号和 16 号口径的型号。

趣味小知识

雷明顿 1100 霰弹枪是美国历史上销售量最高的自动装填霰弹枪，其总量超过 400 万支。

美国温彻斯特 M1897 霰弹枪

温彻斯特 M1897 是由美国著名枪械设计师约翰·勃朗宁设计、美国温彻斯特连发武器公司生产的泵动式霰弹枪。

扳机特写

局部特写

研发历史

温彻斯特 M1897 是约翰·勃朗宁在温彻斯特 M1893 基础上改进而来的泵动式霰弹枪。这是世界上第一种真正成功生产的泵动式霰弹枪，从 1893 年开始生产到温彻斯特于 1957 年决定将其停产以前，共生产超过 100 万支。

实战性能

和其前身温彻斯特 M1893 相比，温彻斯特 M1897 霰弹枪有着较厚重的机匣，并可以发射使用无烟火药的霰弹。

基本参数	
口径	18.53 毫米
全长	1 000 毫米
重量	3.6 千克
枪口初速	310 米 / 秒
弹容量	6 发
相关简介	

趣味小知识

电影《木乃伊》里，温彻斯特 M1893 型号为防暴型，先后被理查·瑞克·欧康诺（布兰登·费雪饰演）、艾芙琳·卡纳汉（丽素·慧丝饰演）和阿戴斯·贝（欧迪·费尔饰演）所使用。

美国莫斯伯格 500 霰弹枪

莫斯伯格 500 是美国莫斯伯格父子公司专门为警察和军事部队研制的泵动式霰弹枪。

枪托特写

枪管特写

研发历史

莫斯伯格 500 霰弹枪由莫斯伯格父子公司在 1961 年推出，被广泛用于射击比赛、狩猎、居家自卫和实用射击运动，也被美国国内外的许多执法机构所采用。美军在 1966 年试验性地采购了少量莫斯伯格 500 后，同时也采购了雷明顿 870 霰弹枪，在 1979 年又采购了更多的数量，后来美军中的大部分莫斯伯格 500 被莫斯伯格 590 所取代。

基本参数	
口径	18.53 毫米
全长	762 毫米
重量	3.4 千克
枪口初速	475 米/秒
弹容量	9 发
相关简介	

实战性能

莫斯伯格 500 的可靠性较高，且坚固耐用，加上价格合理，因此该枪是雷明顿 870 有力的竞争对手。有些人认为莫斯伯格 500 的部件比较松动，操作起来有零件晃动或撞击的声音，但另一些人则认为这是为了提高在恶劣环境中的可靠性而增大容留泥沙污垢空隙所致，比如野战环境或在沼泽地带狩猎水禽。

趣味小知识

电影《生化危机 2：启示录》里型号为 590 紧凑巡逻者型和 500 型，其中 590 紧凑巡逻者型被艾莉丝使用，500 型则被一名警察使用。

美国 M26 霰弹枪

M26 模组式霰弹枪系统是一种枪管下挂式霰弹枪，主要提供给美军的 M16 突击步枪及 M4 卡宾枪系列作为战术附件，还能装上手枪握把及枪托独立使用。

枪托特写

弹匣特写

基本参数	
口径	18.53 毫米
全长	610 毫米
重量	1.22 千克
枪口初速	380 米 / 秒
弹容量	5 发
相关简介	

研发历史

20 世纪 90 年代后期，M26 的模块式设计由美国陆军士兵战斗研究室开发，开发目的是为士兵提供一种可安装在 M16A2 或 M4A1 卡宾枪，可发射特种弹药如破门弹、00 号鹿弹及非致命弹药的轻型附件式武器。2008 年 5 月，M26 霰弹枪开始进行批量生产，并装备在阿富汗的美军部队。

实战性能

M26 霰弹枪的设计概念来自 20 世纪 80 年代美军士兵自制的"万能钥匙"霰弹枪，M26 霰弹枪比"万能钥匙"霰弹枪握持时更为舒适，采用可提高装填速度的可拆式弹匣供弹，有不同枪管长度的型号，手动枪机，拉机柄可选择装在左右两边，比传统泵动霰弹枪更为方便，枪口装置可前后调校以控制霰弹的扩散幅度及提高破障效果。

趣味小知识

电影《魔鬼终结者：未来救赎》里，M26 霰弹枪下挂于约翰·康纳的 M4 卡宾枪，也曾单独使用。在《敢死队 2》中也于尼泊尔行动期间下挂于李·圣诞的 M4A1 卡宾枪。

意大利伯奈利 Nova 霰弹枪

Nova 霰弹枪是意大利伯奈利公司在 20 世纪 90 年代后期研制的泵动式霰弹枪，其流线型外表极具科幻风格。

枪托特写

枪管特写

研发历史

伯奈利 Nova 是一支由意大利伯奈利公司在 1990 年后期设计和生产的现代化标准型泵动式霰弹枪，适合猎人、执法机关和军队三方使用，可以发射任何 12 号口径霰弹或 20 号口径霰弹。除此之外，伯奈利 Nova 原本是作为民用猎枪开发的，但很快就推出了面向执法机构和军队的战术型。

基本参数	
口径	18.53 毫米
全长	1 257 毫米
重量	3.63 千克
枪口初速	400 米/秒
弹容量	5 发
相关简介	

实战性能

Nova 霰弹枪采用独特的钢增强塑料机匣，机匣和枪托是整体式的单块塑料件，机匣部位内置有钢增强板。枪托内装有高效的后坐缓冲器，因此发射大威力的马格努姆弹时也只有较低的后坐力。托底板有橡胶后坐缓冲垫，也有助于控制后坐感。

趣味小知识

在电影《速度与激情 6》里，Nova 霰弹枪被主角专业罪犯、赛车手和逃亡者多米尼克•托雷托使用。

意大利伯奈利 M4 Super 90 霰弹枪

M4 Super 90 是由意大利伯奈利公司设计和生产的半自动战斗霰弹枪，发射 12 号口径霰弹，被美军采用并命名为 M1014 战斗霰弹枪。

枪托特写

枪弹特写

研发历史

1998 年 5 月 4 日，美国陆军军备研究、开发及工程中心正式发动招标，寻求一种与美国三军通用的新式半自动战斗霰弹枪。伯奈利公司于是设计和生产了 M4 Super 90 战斗霰弹枪。1998 年 8 月 4 日，M4 Super 90 霰弹枪样本运送到马里兰州阿伯丁试验场进行测试。

基本参数	
口径	18.53 毫米
全长	885 毫米
重量	3.82 千克
枪口初速	408 米 / 秒
弹容量	8 发
相关简介	

实战性能

M4 Super 90 霰弹枪的伸缩式枪托很特别，其贴腮板能够向右倾斜，这样能够方便戴防毒面具进行贴腮瞄准。如果需要，伸缩式枪托还可以在没有任何专用工具的辅助下更换成带握把的固定式枪托。除此之外，M4 Super 90 霰弹枪表面还作了哑光处理，而且耐腐蚀。

趣味小知识

在电影《敢死队 2》中，M4 Super 90 霰弹枪被凯撒所使用。

Chapter 07

机 枪

　　过去一百年机枪是战场上最主要且最重要的武器之一。在两次残酷无情的世界大战中，机枪代表着火力，能增加胜利的筹码。这种武器对人类发动战争的方式造成了深远影响，虽然目前已有许多威力更大、技术更好的武器，但机枪的作用依旧不容小觑。

美国 M1917 重机枪

M1917 重机枪是由美国著名枪械设计师勃朗宁研发的，该枪是一战和二战战场中美军的主力重机枪。

枪弹特写

枪管特写

研发历史

一战爆发后，美军使用的重机枪是从法国购买的 M1915 机枪，但是该枪无法满足美军要求。所以美国军方希望可以在国内寻找一种更加优秀的机枪来替代它。这时勃朗宁设计的重机枪引起了美国国防部的注意，随后，美国战争部的一个委员会对该枪进行了射击试验。但是在射击试验多达 2 万发枪弹后，依旧有人质疑勃朗宁机枪的性能。

之后，勃朗宁又拿出一款加长弹链的机枪，并在美国战争部的手里进行了长达 48 分 12 秒的连续射击试验，美军对这款机枪的表现非常满意，随后就与勃朗宁签订了购买合同。1917 年，该枪被美军作为制式武器，并命名为 M1917 重机枪。

基本参数	
口径	7.62 毫米
全长	965 毫米
重量	47 千克
枪口初速	853.6 米 / 秒
弹容量	250 发
相关简介	

实战性能

M1917 重机枪体积不大，但是算上脚架却有 47 千克的重量，因此显得有些笨重。除此之外，M1917 重机枪总体来说性能还算优秀，在一战中被广泛使用，二战以及之后的局部战争中也有使用。不仅如此，M1917 重机枪的枪管使用水冷方式冷却，在枪管外套上有一个能够容纳 3.3 升水的套筒。

美国 M1919A4 重机枪

M1919A4 重机枪是 M1917 的改进版，主要改进了枪管的冷却系统，由水冷改为气冷。

枪弹特写

枪口特写

研发历史

一战期间，美国军械局意识到水冷式重机枪在坦克中占据的空间太大，而且这种重机枪对步兵来说太重。战后，美国军械局计划开发一种气冷式机枪，主要用于步兵火力支援。最终他们以 M1917A1 水冷式重机枪为基础，研发出了 M1919 系列机枪，M1919A4 就是该系列中的一种。

基本参数	
口径	7.62 毫米
全长	964 毫米
重量	14 千克
枪口初速	860 米 / 秒
弹容量	250 发
相关简介	

实战性能

与 M1917 相比，M1919A4 的重量有所减轻，而且该枪不仅能做车载武器，还可用于步兵携行作战。

趣味小知识

M1919A4 重机枪转移阵地时至少需要 2 ~ 3 人来操作，一人扛机枪，另一人扛三脚架。

美国 M1919A6 重机枪

M1919A6 重机枪是根据美国陆军在二战期间的紧急需要而设计生产的，该枪是 M1919A4 式的改进型，由美国的柯尔特武器公司制造。

基本参数	
口径	7.62 毫米
全长	1346 毫米
重量	14.7 千克
枪口初速	792~823 米 / 秒
弹容量	250 发
相关简介	

研发历史

二战期间，随着越来越多的美军部队参战，官兵们需要一种比 M1919A4 重机枪更轻，又比 M1918A2 步枪有更好持续射击能力的机枪。

1940 年，美国陆军开始了轻型机枪的试验和选型工作，1942 年，美国陆军与有关军工厂制定了改进 M1919A4 重机枪的方案，1943 年 2 月 17 日，美军正式将这种改进型武器列入制式装备，并命名为 M1919A6 重机枪。

实战性能

M1919A6 重机枪不仅能以两脚架状态射击，在必要时还可以像 M1919A4 一样以一个 L 形连接销通过机匣下方的连接孔安装 M2 三脚架上，当作重机枪使用。当然，M1919A6 机枪的各项性能都不亚于其前身 M1919A4，美中不足的是持续射击时间略短。此外，M1919A6 重机枪的枪管厚度较 M1919A4 有所减少，使连续射击时枪管容易过热，而且更换枪管比较麻烦。

趣味小知识

M1919A 重机枪研制的目的是弥补美军战场上火力空缺，因此在设计上借鉴于 M1919A4。

美国 M2 重机枪

M2 重机枪出现在一战时期，是 M1917 的口径放大重制版本，该枪的出现是为了对抗英军坦克。

枪弹特写

脚架特写

研发历史

1916 年 9 月 15 日，在索姆河会战中，英国的 49 辆坦克像怪物一样突然出现，引起了美军士兵们极大的恐慌。为了能摧毁敌军坦克，美国军械局求助勃朗宁设计一种能使用 12.7 毫米口径弹药的重机枪，不久，勃朗宁便按照美国军械局的要求设计出了 M2 重机枪。

基本参数	
口径	12.7 毫米
全长	1 050 毫米
重量	30 千克
枪口初速	890 米 / 秒
弹容量	M9 弹链
相关简介	

实战性能

M2 重机枪使用 12.7 毫米口径 NATO 弹药，并且有高火力、弹道平稳、极远射程的优点，450 ~ 550 发 / 分的射速及后座作用系统令其在全自动发射时十分稳定，射击精准度高。

趣味小知识

M2 重机枪主要用于步兵架设的火力阵地及军用车辆，如坦克、装甲运兵车等，主要用途是攻击轻装甲目标，集结有生目标和低空防空。

美国 M61 重机枪

M61 是一种使用外力驱动六支枪管滚动运作、气冷、电子击发的加特林机枪。

弹链特写

基本参数	
口径	20 毫米
全长	1827 毫米
重量	112 千克
枪口初速	1 050 米 / 秒
弹容量	200 发
相关简介	

研发历史

　　二战时期，美军轰炸机和战斗机装备的机枪都是"老掉牙"的勃朗宁系列机枪，此系列机枪中最大射速也只有 1 200 发 / 分，就连 1860 年研制的加特林机枪都比它们强。为了能够提高轰炸机和战斗机的火力，1946 年，美军决定重新启用被尘封已久的加特林理论，以此来开发一款射速可达 6 000 发 / 分的高速机枪。

　　同年 6 月，美国的实力雄厚的军品商——通用电气公司，承包了这个研发项目，并取名为"火神计划"。1950~1952 年，通用电气公司拿出了多款原型机炮给美国军方评估，在经过非常久的测试后，美国军方选择了 T171 型机炮，并以此继续发展下去。在对 T171 型机炮经过一段时间的改进后，一款新型的机枪出现了，它就是 M61 重机枪。

实战性能

　　M61 重机枪的 6 根枪管在每转一圈的过程中只需轮流击发一次，因此无论是产生的热量还是造成的磨损，都能限制在最低限度内。此外，M61 重机枪主要用于短程的空对空射击，以弥补在这个范围内因为距离太短、应变时间不足而无法使用导弹等较复杂装备的缺陷。

美国 Mk48 轻机枪

Mk48 轻机枪目前正在多个美国特种部队司令部辖下的部队服役，比如美国海军"海豹"突击队和美国陆军游骑兵部队等。

枪托特写

Mk48 轻机枪正在开火

基本参数	
口径	7.62 毫米
全长	1000 毫米
重量	8.2 千克
枪口初速	975.3 米 / 秒
弹容量	100 发
相关简介	

研发历史

进入 20 世纪 90 年代后，美国陆军以 M240B 通用机枪全面取代了 M60 通用机枪，但是美海军特种部队对该机枪的战术性能并不看好，所以于 2001 年提出了新的轻机枪计划。同年 3 月，美国特种作战司令部批准该计划，并于 9 月下旬向 FN 公司提出新机枪的研制要求。随后，FN 公司以 Mk46 轻机枪为原型，将其口径增大到 7.62 毫米，形成了 Mk48 轻机枪。

实战性能

Mk48 轻机枪枪机上装有提把，能够在不使用辅助设备的情况下快速更换枪管，这种设计对因长时间射击而变热的机枪枪管来说非常有用，能够增大机枪耐用性。

趣味小知识

Mk48 轻机枪主要为美国特种部队研制，用户也仅为美国特种作战司令部，为了提高战术性能，在机枪上装有 5 条战术导轨，可以安装各种枪支战术组件。

美国 M1918 轻机枪

M1918 轻机枪是由约翰·勃朗宁在一战期间设计，不过在此次战争中该枪的使用数量较少，直到二战中 M1918 轻机枪才被大量采用。

扳机特写

枪托特写

基本参数	
口径	7.62 毫米
全长	1214 毫米
重量	7.2 千克
枪口初速	805 米/秒
弹容量	20 发
相关简介	

研发历史

1917 年 4 月 6 日，美国加入了一战，随后美军便发现了一个问题，他们的装备除了 M1903 步枪和 M1911 手枪还算优秀之外，其他主要作战装备与其他国相比有些惨不忍睹，而此时，美军急需一种新型"高科技"武器。一开始美军从法国购买 1915 型 CRSG 轻机枪，但不久就发现，该枪的性能极差，且火力不足。

另一边，勃朗宁精心设计了一种性能可靠的轻机枪，并将其推销于美军。1917 年 5 月 1 日，美军军械小组对勃朗宁设计的轻机枪进行测试，发现该枪符合美军的需求，于是就采用了此枪，并命名为 M1918 轻机枪。

实战性能

M1918 轻机枪结构简单，该枪能够进行突击作战，压制敌方火力，为己方提供火力支援。然而美中不足的是，M1918 轻机枪是发射大威力步枪弹，因此该枪的后坐力非常大，全自动射击时很难控制射击精准度。

趣味小知识

M1918 轻机枪有一个特殊设计，其枪机右侧有一金属"杯"，可将枪托底部插入其中，为了使其可以在"行进间射击"的作战模式下使用。

美国 M1941 轻机枪

　　M1941 轻机枪是 M1941 半自动步枪的衍生型，设计者也是约翰逊上尉，两者都采用后座作用式机械原理。

弹匣特写　　　　　　　　　　　　　　　脚架特写

研发历史

　　M1941 最开始被设计出来时是一种采用短程反冲复进机构的军用步枪，后来经过一系列的改进之后才变成了轻机枪。与当时很流行的 M1918 轻机枪相比，M1941 轻机枪的优势是重量轻、分解结合比较容易。然而，该枪的弊端是在使用一段时间之后，枪管会有一点点扭曲变形。

实战性能

基本参数	
口径	7.62 毫米
全长	1 100 毫米
重量	5.9 千克
枪口初速	853.6 米 / 秒
弹容量	20 发
相关简介	

　　美军在太平洋战争中装备了 M1941 轻机枪，但在使用中发现，M1941 轻机枪无法适应沙尘和泥水的环境，虽然后来经过改良，但依旧没有解决核心问题，因此该枪于 1944 年停产。

趣味小知识

　　M1941 轻机枪的使用者并不多，主要有海军陆战队及美军的第一特战军团，由于他们的作战能力高，因此德军都称他们为魔鬼兵团。

美国斯通纳 63 轻机枪

斯通纳 63 轻机枪是由尤金·斯通纳设计的，在越南战争中，斯通纳 63 轻机枪是美国海豹突击队的主要武器之一。

扳机特写

斯弹匣特写

研发历史

1960 年，尤金·斯通纳加入卡迪拉克仪表公司后，开始研究一种新型武器。该武器的特点是采用一个通用机匣，通过更换不同的部件能在轻机枪和步枪之间进行转换。由于受到 M16 突击步枪（使用 M193 步枪弹）成功的影响，卡迪拉克仪表公司决定让这种新型武器也发射 M193 步枪弹，于是斯通纳在 1963 年对新型武器做了一些改进，并命名为斯通纳 63 轻机枪。

基本参数	
口径	5.56 毫米
全长	1 022 毫米
重量	5.3 千克
枪口初速	1083 米 / 秒
弹容量	30/ 100 发
相关简介	

实战性能

斯通纳 63 轻机枪的枪管能快速更换，可以在轻机枪与步枪之间转换。除此之外，斯通纳 63 轻机枪还具有良好的可靠性和通用性，即使是在潮湿闷热的越南丛林中也能有效地操作。

> **趣味小知识**
>
> 斯通纳 63 轻机枪有多种型号，衍生型包括卡宾枪、突击步枪以及弹链可以从左或右供弹的轻机枪。

美国 M60E3 轻机枪

M60E3 轻机枪保留了早期 M60 通用机枪的所有功能，并增加了一些新特点，使其发展成为一种重量更轻、用途更广泛的机枪。

握把特写

扳机特写

研发历史

M60 通用机枪是美军在越南战场中的制式机枪，因其火力持久而颇受美军士兵喜爱，但该枪的弊端也不少，例如，更换枪管困难、归零困难以及重量过大等。为了改善 M60 通用机枪，1980 年，萨科防务公司根据美国海军陆战队对轻机枪的要求，在 M60 通用机枪的基础上研发了一种新型机枪，命名为 M60E3 轻机枪。

基本参数	
口径	7.62 毫米
全长	1 077 毫米
重量	8.8 千克
枪口初速	853 米 / 秒
弹容量	13 发
相关简介	

实战性能

M60E3 轻机枪标配枪管是重量轻的突击枪管，除此之外，还有两种枪管可供选择，一种是重量轻长度短的枪管，供突击和需要灵活机动的任务使用；另一种是重枪管，用于需要持续射击的任务。

趣味小知识

M60E3 于 1985 年开始装备于美军，共 2 万多挺，在其他国家也有少量装备。目前，美国已经不再生产 M60E3 轻机枪。

美国 M60E4 轻机枪

M60E4 轻机枪是 M60E3 的改进版，该枪同样是采用导气式自动方式，枪机回转式闭锁机构。

枪口特写   枪托特写

研发历史

M60E4 轻机枪是 M60E3 的改进版，两者从工作原理到零部件设计上都继承了旧版 M60 轻机枪，并融入了导轨接口系统等"时尚"设计，使其可靠性和使用舒适性进一步提高，用途更加广泛。目前，M60E4 轻机枪已被美国海军采用。

实战性能

M60E4 轻机枪下护手侧面增设了导轨，遮住了枪管侧面，而且内部有铝制隔热层，因此可以防止连续射击时灼热枪管烫手。值得一提的是，M60E3 轻机枪的前握把为手枪握把形状，M60E4 轻机枪的后握把为扫帚把形状的整体式垂直握把，装在下护手下方的导轨上，其目的是增强使用时的舒适感。除此之外，M60E4 轻机枪的供弹凸轮形状有所改进，即使泥沙等异物进入仍然能够正常工作，因此提高了供弹机构的可靠性。

基本参数	
口径	7.62 毫米
全长	1 105 毫米
重量	10.5 千克
枪口初速	835 米 / 秒
弹容量	13 发
相关简介	

趣味小知识

M60E4 轻机枪的两脚架改为简单的管状结构，不仅有较高的强度，而且生产成本也较低。

美国 M249 轻机枪

M249 轻机枪是美军以比利时制造的 FN Minimi 轻机枪的改良版本，于 1984 年正式成为美军三军制式班用机枪。

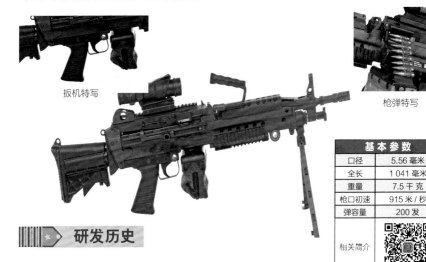

扳机特写

枪弹特写

基本参数	
口径	5.56 毫米
全长	1 041 毫米
重量	7.5 千克
枪口初速	915 米 / 秒
弹容量	200 发

相关简介

研发历史

20 世纪 60 年代，随着班用武器的小口径化，美军的班用机枪也在向这个方向发展。虽然美军装备有 M16 轻机枪和 M60 通用机枪，但是 M16 轻机枪的持续射击性不好，而 M60 通用机枪的重量又过大。因此美军便公开招标新型小口径枪，当时有不少的老牌枪械公司来投标，其中有比利时 FN 公司。在老牌公司的角逐后，FN 公司胜出。于是美军决定采用 FN 公司的机枪，并命名为 XM249 轻机枪。

随后，美军又对 XM249 轻机枪做了一些测试，然而测试结果都很符合他们的要求，于是就将 XM249 正式作为制式武器，并更名为 M249 轻机枪。

实战性能

M249 轻机枪准确度比一般步枪要高，也能提供稳定的持续作战射速，排气口上的气体调节器可改变排气流量，从而调节至 750 发 / 分或 1 000 发 / 分的理论射速，以确保在寒冷天气或枪械极度污脏等的不同环境下的顺畅运作。

趣味小知识

电影《13 小时：班加西的秘密士兵》，型号为 M249 伞兵 PIP 型的轻机枪，至少有 1 挺装有 ACOG 光学瞄准镜，被约翰•提格•提根和克里斯•坦托•帕伦多在内的 AST 队员所使用。

美国 CMG-1 轻机枪

CMG-1 轻机枪, 意思是第 1 型柯尔特机枪, 该枪共有 4 种型号, 包括两脚架型、三脚架型、车载型和固定型。

研发历史

1963 年 8 月, 斯通纳 63 轻机枪交给美国海军陆战队进行试验, 士兵以及军官对该枪都十分满意。柯尔特公司担心美军会采购这种轻机枪作为班用机枪, 于是匆忙设计了一种 5.56 毫米口径的链式供弹机枪, 命名为 CMG-1 轻机枪。

基本参数	
口径	5.56 毫米
全长	1 065 毫米
重量	6.61 千克
枪口初速	884 米 / 秒
弹容量	200 发
相关简介	

实战性能

两脚架型就是轻机枪, 只有这个型号安装有枪托, 三脚架型则作为通用机枪使用, 车载型顾名思义就是安装在车辆做火力支援武器, 而固定型则通过一个电动扳机装置遥控, 安装在直升机或其他航空器上使用。

趣味小知识

由于研制得太过急促, 试验时发现诸多问题, 所以 CMG-1 轻机枪的推销并不成功, 一共只制造了 3 挺样枪。后来柯尔特公司还研制了一种没有枪托的短枪管型 CMG-2 轻机枪, 被美国海军命名为 EX27 MOD 0 进行试用。

美国 M60 通用机枪

M60 通用机枪从 20 世纪 50 年代末开始在美军服役，直到现在依旧是美军的主要步兵武器之一。

枪托特写

枪弹特写

研发历史

二战结束后，美国从战场上缴获了大量的德军枪械，使美国春田兵工厂从这些枪械中汲取了不少的设计经验。在参考 FG42 伞兵步枪和 MG42 通用机枪的部分设计之后，再结合桥梁工具与铸模公司的 T52 计划和通用汽车公司的 T161 计划，产生了全新的 T161E3 机枪。1957 年，T161E3 机枪在改进后正式命名为 M60 通用机枪。

基本参数	
口径	7.62 毫米
全长	1 105 毫米
重量	10.5 千克
枪口初速	853 米 / 秒
弹容量	200 发
相关简介	

实战性能

M60 通用机枪总体来说性能还算优秀，但在设计上也有一些弊端，例如，早期型 M60 的机匣进弹有问题，需要托平弹链才可以正常射击。此外，该枪的重量也较大，不利于士兵携行，且射速较低，在压制敌人火力点时有点力不从心。

趣味小知识

随着多种相同功用机枪的出现及轻兵器小口径化，M60 的设计已显得过时，除部分特种部队外，美军以 M240 作取代，而 M60B/C/D 车载型及航空机枪则仍在使用。

德国 MG13 轻机枪

MG13 轻机枪由 M1918 水冷式轻机枪改造而来。该枪是德军在 20 世纪 30 年代的主要武器装备之一，并在二战中使用。

研发历史

一战结束后，因水冷式重机枪在战争中表现出极大的杀伤力，所以在《凡尔赛条约》中，明确规定了战败后的德国不得制造和装备水冷式重机枪。20 世纪 30 年代，为了增强德军的作战能力，德国军工部门开始将大量的 M1918 水冷式轻机枪改造成气冷式轻机枪，最终研发出了外形和供弹系统都有较大变化的 MG13 轻机枪。

基本参数	
口径	7.92 毫米
全长	1 148 毫米
重量	23.4 千克
枪口初速	838 米 / 秒
弹容量	25/75 发
相关简介	

实战性能

MG13 轻机枪的气冷式枪管可迅速更换，发射机构也能进行连发射击或单发射击。此外，该枪设有空仓挂机，即最后一发子弹射出后，使枪机停留在弹仓后方。

趣味小知识

当 MG34 式机枪出现后，德国人将 MG13 式机枪卖给西班牙和葡萄牙，但西班牙仍保留 MG13 轻机枪的命名。

德国 MG30 轻机枪

MG30 轻机枪是德国莱茵金属公司于 20 世纪 30 年代研制的，尽管该枪只有少量装备于德军，但却开创了德国气冷式轻机枪的先河。

基本参数	
口径	7.92 毫米
全长	1 162 毫米
重量	12 千克
枪口初速	807.9 米 / 秒
弹容量	30 发
相关简介	

研发历史

一战结束后，因受到《凡尔赛条约》的限制，德国被禁止或限制发展步兵自动武器等军事装备。于是，德国莱茵金属公司便转到中立国瑞士进行武器研制工作。1930 年，枪械设计师路易斯·斯坦格尔成功研制出 MG 系列轻机枪的鼻祖——MG30 轻机枪。

脚架特写

实战性能

MG30 轻机枪的结构简单，容易大规模生产，采用弹匣供弹，性能比较可靠，MG30 轻机枪大部分被奥地利和瑞士军队所装备。

趣味小知识

德国国防军却拒绝接收 MG3 轻机枪，其原因是当时德国军队始终受到条约限制。因此，莱茵金属公司便将 MG30 轻机枪的生产权授予了瑞士苏罗通公司和奥地利斯太尔公司。

德国 MG34 通用机枪

MG34 通用机枪是 20 世纪 30 年代德军步兵的主要机枪，也是其坦克及车辆的主要防空武器。

扳机特写

枪管特写

研发历史

MG34 通用机枪由海因里希·沃尔默设计，是将 MG30 弹匣供弹改为弹链供弹，加入枪管套，并综合了许多老式机枪的特点改良而来。

实战性能

基本参数	
口径	7.92 毫米
全长	1219 毫米
重量	12.1 千克
枪口初速	765 米 / 秒
弹容量	50/75/250 发
相关简介	

MG34 通用机枪发射机构具有单发和连发功能，扣压扳机上凹槽时为单发射击，扣压扳机下凹槽或用两个手指扣压扳机时为连发射击。不仅如此，MG34 可用弹链直接供弹，作为轻机枪使用时的弹链容弹量为 50 发，作为重机枪使用时使用 50 发弹链，容弹量为 250 发。除此之外，该枪还能用 50 发弹链装入的单室弹鼓或 75 发非弹链的双室弹鼓挂于机匣左面作供弹。

趣味小知识

MG34 通用机枪是世界上第一种大批量生产的现代通用机枪，不仅可作为轻机枪使用，还能作为重机枪使用。

德国 MG42 通用机枪

MG42 通用机枪是德国于 20 世纪 30 年代研制的，它是二战中最著名的机枪之一。

研发历史

MG34 通用机枪装备德军后，因其在实战中有较好的可靠性，很快得到了德国军方的肯定，从此成为德国步兵的主要火力。MG34 通用机枪有一个比较严重的缺点是结构复杂，而复杂的结构直接导致制造工艺的复杂，因此不能大批量地生产。另外，德军一直要求武器研制部门对 MG34 通用机枪进行改进，德国设计师格鲁诺夫对 MG34 通用机枪进行了多项重要的改进，最终发展成了 MG42 通用机枪。

基本参数	
口径	7.92 毫米
全长	1 120 毫米
重量	11.6 千克
枪口初速	740 米 / 秒
弹容量	50/250 发
相关简介	

实战性能

MG42 通用机枪的供弹机构与 MG34 通用机枪一样，但发射机构只能连发射击。另外，MG42 通用机枪在实战中十分可靠，即使在 −40°C 的严寒中，它依然能够保持稳定的射击速度。

趣味小知识

　　MG42 通用机枪的射速极高，高达 1500 发 / 分，射击时，不同于其他机枪，具有类似"撕裂布匹"的枪声，盟军称其为"希特勒的电锯"。

德国 MG45 通用机枪

受到二战末期德国物力不足的影响，MG45 通用机枪只生产了 10 挺，但其设计对战后的多款枪械都有启迪作用。

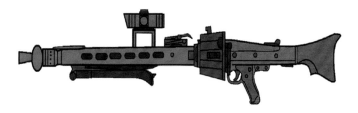

研发历史

1944 年，二战末期，德国败象逐渐浮出水面，国内物力资源日渐贫乏。在这种背景之下，大名鼎鼎的 MG42 通用机枪又出现了一款衍生型——MG42V。实际上 MG42V 是在 MG42 的基础上研制而成的，但机枪操作方式已经有了大幅的改变，基本上可以算作全新的机枪，因此又被命名为 MG45 通用机枪。

基本参数	
口径	7.92 毫米
全长	1 220 毫米
重量	9 千克
枪口初速	755 米 / 秒
弹容量	75/200 发
相关简介	

实战性能

1944 年 6 月，MG45 通用机枪开始进行试射，一共发射了 12 万发子弹并且能成功维持 1350 发 / 分的射速。即使该枪的性能比较优秀，但最终因为德国物力不足只生产了 10 挺就宣告结束。

趣味小知识

MG45 通用机枪不需要在发射前完全关闭膛室，所以不仅增加了射速，还简化了设计和结构。

德国 HK 21 通用机枪

HK21 通用机枪的设计概念是"步枪转为支援武器"，发射 7.62×51 毫米北约口径步枪子弹。

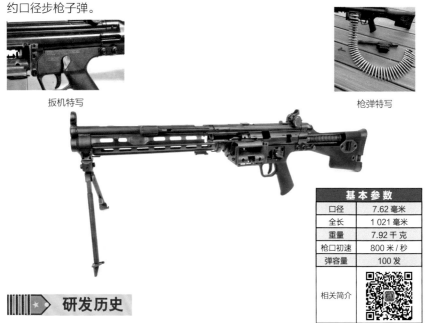

扳机特写

枪弹特写

基本参数	
口径	7.62 毫米
全长	1 021 毫米
重量	7.92 千克
枪口初速	800 米 / 秒
弹容量	100 发
相关简介	

||||▶ ★ 研发历史

HK 21 通用机枪是 HK 公司于 1961 年以 HKG3 战斗步枪为基础研制的，目前仍在亚洲、非洲和拉丁美洲多个国家的军队中服役。HK21 通用机枪采用击发调变式滚轮延迟反冲式闭锁。枪机上有两个圆柱滚子作为传输元件，以限制驱动重型枪机框的可动闭锁楔铁。

||||▶ ★ 实战性能

HK 21 通用机枪除装配两脚架作轻机枪使用外，还能够装在三脚架上作重机枪使用。两脚架可安装在供弹机前方或枪管护筒前端两个位置，但安装在供弹机前方时，虽然能够增大射界，但精度有所下降；安装在枪管护筒前端时，虽射界减小，却可以提高射击精度。

趣味小知识

电影《黑日危机》中，HK 21 通用机枪被朱丽叶·达·芬奇／雪茄女在船上企图摆脱詹姆斯·邦德的挣扎时所使用，但最终被扔弃。

德国 MG3 通用机枪

MG3 通用机枪于 1969 年在德军服役，由于该枪性能优良，所以直到今天，依然可以在其他国家军队中看到它的身影。

枪弹特写

枪托特写

基本参数	
口径	7.62 毫米
全长	1 256 毫米
重量	11.5 千克
枪口初速	820 米 / 秒
弹容量	50 发
相关简介	

研发历史

二战结束后，德国在 MG42 通用机枪的基础上研发了 MG1 通用机枪，并于 1959 年开始生产。随后，德国枪械设计师对 MG1 通用机枪进行了改良，并命名为 MG2 通用机枪。1968 年，设计师又在 MG2 通用机枪的基础上做了少许改进，并命名为 MG3 通用机枪。

实战性能

MG3 通用机枪动作可靠，火力猛，在结构上广泛采用冲压件和点焊、点铆工艺，生产工艺简单，成本低。

趣味小知识

MG3 通用机枪的瞄准装置有地面瞄准具和高射瞄准具两种，地面瞄准具由 U 形缺口照门和准星组成，高射瞄准具则是由同心环状的前照准器和位于表尺左侧的后照准器组成。

俄罗斯 Kord 重机枪

Kord 重机枪是以 NSV "岩石"重机枪为蓝本研制而成的，于 1998 年服役至今。

枪弹特写

脚架特写

研发历史

20 世纪 80 年代，苏联军队装备的重机枪为 NSV 重机枪。苏联解体后，为了能更好地武装自己的军队，俄罗斯决意打造一款属于自己的重机枪。随后，俄罗斯政府给狄格特亚耶夫工厂下达了命令，要求他们研制出能够发射 12.7 毫米步枪子弹，并且可以作为安装在车辆上或具有防空能力的重机枪。狄格特亚耶夫工厂最终推出了 Kord 重机枪。

基本参数	
口径	12.7 毫米
全长	1 980 毫米
重量	25.5 千克
枪口初速	860 米 / 秒
弹容量	50 发
相关简介	

实战性能

Kord 重机枪的设计目的是对付轻型装甲目标，该枪能摧毁地面 2 000 米范围内的敌方人员，以及高达 1 500 米倾斜范围内的空中目标。

趣味小知识

Kord 重机枪的性能、构造和外观上都类似于苏联的 NSV 重机枪，但内部机构已经被大量重新设计。这些新的设计让该枪的后坐力比 NSV 重机枪小了很多，也让其在持续射击时有更大的射击精准度。

俄罗斯 DP/DPM 轻机枪

DP 轻机枪于 1928 年装备于苏联红军，DPM（M 表示改进型）轻机枪是 1944 年在 DP 轻机枪的基础上改进而来的，这两种轻机枪是苏联在二战中装备最多的轻机枪之一。

枪托特写

脚架特写

研发历史

按照苏联红军当时的战斗要求，陆军班用轻机枪必须像步枪一样可以卧姿、跪姿、立姿，行进间端枪或挟持等任何姿势射击，还能够突然开火，以猛烈的点射或连续射击横扫敌人。1923 年，捷格加廖夫根据该要求开始了轻机枪的设计。

1927 年 12 月 21 日，捷格加廖夫设计的轻机枪通过了 -30°C 的低温试验，随后，被苏联红军定为制式装备，并命名为 DP 轻机枪。

基本参数	
口径	7.62 毫米
全长	1 270 毫米
重量	9.12 千克
枪口初速	840 米/秒
弹容量	47 发
相关简介	

实战性能

DP 轻机枪发射机构只能进行连发射击，有经常性的手动保险。除此之外，该机枪坚固可靠，为苏联步兵提供了灵活的火力支援，弥补了苏军沉重的马克沁 M1910 机枪机动不便的缺点。

趣味小知识

DP 轻机枪结构比较简单，一共只有 65 个零件。而且该枪制造工艺要求不高，适合大量生产，这也是它被苏军广泛采用的原因之一。

俄罗斯 RPD 轻机枪

RPD 轻机枪是捷格加廖夫于 1943 年设计的，在二战结束后正式装备苏军，以代替 DP 轻机枪。

枪托特写

扳机特写

研发历史

苏联红军机械化建设日新月异，过去只适合静态阵地战的重机枪，并不适用运动作战。虽然苏联红军有装备一些轻机枪，如 DP/DPM 轻机枪，但其重量依旧让步兵们感到携带不便，由此，苏联红军迫切需要一种能够紧随步兵实施行进间火力支援的轻便机枪。根据这个要求，捷格加廖夫设计出了一种结构独特的轻机枪——RPD 轻机枪。

基本参数	
口径	7.62 毫米
全长	1037 毫米
重量	7.5 千克
枪口初速	735 米 / 秒
弹容量	100 发
相关简介	

实战性能

RPD 轻机枪有结构简单紧凑、重量较小、使用和携带较为方便的优点，同时该枪还是第一把使用 7.62×39 毫米子弹的机枪。

趣味小知识

RPD 轻机枪是战后苏联的第一代班用支援武器，在相当长一段时间里作为华沙条约组织的制式轻机枪。

俄罗斯 PK/PKM 通用机枪

PK/PKM 通用机枪是由 AK-47 突击步枪的设计者米哈伊尔·季莫费耶维奇·卡拉什尼科夫于 1960 年设计的通用机枪。

枪托特写

枪弹特写

研发历史

20 世纪 50 年代初，苏联枪械设计师尼克金和沙科洛夫设计了一种弹链式供弹的 7.62 毫米口径的尼克金 – 沙科洛夫机枪。与此同时，另外一位枪械师卡拉什尼科夫也在进行着相同的工作，他的设计是 PK 通用机枪。1961 年，苏联军队对他们各自的产品做了对比试验后，最终采用了表现更为可靠、生产成本较低的 PK 通用机枪。1969 年，卡拉什尼科夫推出了 PK 通用机枪的改进型，称为 PKM 通用机枪。

基本参数	
口径	7.62 毫米
全长	1173 毫米
重量	25.47 千克
枪口初速	825 米/秒
弹容量	150 发
相关简介	

实战性能

PK/PKM 通用机枪的设计不仅能用作射击一般有生目标，还可作防空机枪用途。该枪发射 7.62×54 毫米口径弹药。

趣味小知识

电影《浴血任务 2》中，PKM 机枪被故事开头的尼泊尔叛军所使用。在电视剧《最致命战士》中，索马里海盗所使用的也是 PKM 机枪。

英国马克沁重机枪

马克沁重机枪是由海勒姆·史蒂文斯·马克沁于1883年发明的，并在同年进行了原理性试验，之后，于1884年获得专利。

基本参数	
口径	7.69毫米
全长	1 079毫米
重量	27.2千克
枪口初速	744米/秒
弹容量	250发
相关简介	

研发历史

在马克沁机枪出现以前，人们使用的枪都是非自动的，每发射一颗子弹，就要人为地去填装，速度慢一点的士兵，还没装好子弹就已经被敌人射杀了。一场战斗打下来，三分之一的时间都是在填装子弹。而马克沁机枪在发射子弹的瞬间，枪机和枪管扣合在一起，利用火药气体能量作为动力，通过一套机关打开弹膛，枪机继续后坐将空弹壳退出并抛到枪外，然后带动供弹机构压缩复进簧，在弹簧力的作用下，枪机推弹到位，再次击发。这样一旦开始射击，机关枪就能够一直射击下去，直到子弹带上的子弹打完为止，可以省下很多装弹时间。

1882年，马克沁在英国考察时发现了一个现象：士兵的肩膀被老式步枪的后坐力撞得青一块紫一块。这说明枪发射子弹所产生的后坐力非常巨大，这些现象在普通人看来并没有什么特别之处，可是马克沁却从中找到了武器自动连续射击的动力。马克沁首先在一支老式的温切斯特步枪上进行试验，利用射击时子弹喷发的火药气体使枪完成开锁、退壳、送弹、重新闭锁等一系列动作，实现了单管枪的自动连续射击，并减轻了枪的后坐力。

实战性能

马克沁机枪是一支真正意义上的全自动机枪，它的自动动作是利用火药气体能量完成的。除此之外，马克沁机枪也是水冷式机枪，只要冷却水筒中有水，枪管的温度就不会超过100℃。在射击时，枪管两端会漏一些水；所用的冷却水也不是循环的，射击前装满，作战时随时要往冷却水筒中加水。实际射击时，要打上两、三个弹带，才会有蒸汽泄出。

英国布伦轻机枪

布伦轻机枪是英国在二战中装备的主要轻机枪之一，也是二战中最好的轻机枪之一。

枪托特写

弹匣特写

研发历史

1933年,英国军方选中了捷克斯洛伐克的ZB26轻机枪,并在该枪的基础上研发出了布伦轻机枪。1938年,英国正式投产布伦轻机枪,英军方简称"布伦"或"布伦枪",其名字来源于生产商布尔诺(Brno)公司和恩菲尔德(Enfield)兵工厂,由Brno的Br和Enfield的En字母组合而成。

基本参数	
口径	7.62 毫米
全长	1 156 毫米
重量	10.35 千克
枪口初速	743.7 米 / 秒
弹容量	100 发
相关简介	

实战性能

布伦轻机枪良好的适应能力使它的使用范围十分广泛,在进攻和防御中都被使用,被战争证明为最好的轻机枪之一。与美国的勃朗宁自动步枪一样,布伦轻机枪能够提供攻击和支援火力。

趣味小知识

布伦轻机枪拉机柄可以折叠,并在拉机柄、抛壳口等机匣开口处设有防尘盖。

英国刘易斯轻机枪

刘易斯轻机枪历经了一战和二战的洗礼，可谓是名副其实的老枪，曾经广泛装备英联邦国家。

枪管特写　　　　　　　　　　　　　　　　　扳机特写

研发历史

20 世纪初期，刘易斯研发了一种轻机枪，并向美国军方推销，但被美国军方拒绝采用。沮丧的刘易斯只好带着自己的新设计来到比利时，在一家兵工厂工作。一年后，一战爆发了，比利时兵工厂的员工们都纷纷逃亡英国，同时还带走了大量的武器设计方案和设备。逃亡到英国的比利时武器专家，开始关注刘易斯设计的轻机枪，并且在英国的伯明翰轻武器公司的工厂里生产刘易斯机枪，1915 年，英国军队将刘易斯作为制式轻机枪。

基本参数	
口径	7.7 毫米
全长	1 280 毫米
重量	13 千克
枪口初速	745 米 / 秒
弹容量	97 发
相关简介	

实战性能

刘易斯轻机枪在二战时期主要作为防空机枪，装设在卡车、火车上，或者作为固定的火力点。影响自动武器连发射击精度和枪管寿命的重要因素是散热。刘易斯轻机枪的散热设计非常独特。独创的抽风式冷却系统，比当时机枪普遍采用的水冷装置更为轻便实用。

俄罗斯 DShK/DShKM 重机枪

DShK 重机枪是捷格加廖夫于 20 世纪 30 年代设计的，DShKM 重机枪是其改进型号。该枪在二战期间被步兵分队广泛应用于低空防御和步兵火力支援，也在一些重型坦克和小型舰艇上作为防空机枪。

枪管特写

枪弹特写

基本参数	
口径	12.7 毫米
全长	1 625 毫米
重量	34 千克
枪口初速	850 米 / 秒
弹容量	50 发
相关简介	

研发历史

1930 年，捷格加廖夫应苏联军方要求设计了一款口径为 12.7 毫米的重机枪——DK 重机枪。1931 年该枪被苏军正式采用，并在 1933-1935 年少量生产。该枪的整个系统基本上是 DP 轻机枪的放大型，只是枪弹威力更大。由于它采用的鼓形弹匣供弹具只能装弹 30 发，而且又大又重，因此战斗射速很低。1938 年，DK 机枪有了些改进，主要是换装了斯帕金设计的转鼓形弹链供弹机构，有效增加了机枪的实际射速。次年 2 月，改进后的 DK 重机枪被正式采用，并重新命名为 DShK 重机枪。

二战后期，捷格加廖夫对 DShK 重机枪进行了改进，主要是用旋转的弹链式供弹机构代替比较原始的套筒式动作机构。改进后的新机枪在 1946 年正式被采用，并重新命名为 DShKM 重机枪。

实战性能

DShK 机枪在战争中表现十分优秀，从 DShK 机枪上发射的穿甲弹能够在500 米距离击穿 15 毫米厚的钢板，不仅可以抗击低飞的敌机，还能有效地对付轻型装甲目标或步兵掩体，所以是一种极好的支援步兵地面战斗的武器，因此 DShK 和 DShKM 机枪在它们出现的年代是一种非常成功的武器，但美中不足的是该枪太重、太复杂，而且生产成本也偏高，在恶劣环境下的可靠性欠佳。

俄罗斯 NSV 重机枪

由于 NSV 重机枪整体性能卓越，且多处结构有所创新，所以曾被华约成员国广泛用作步兵通用机枪，其地位与勃朗宁 M2 重机枪不相上下。

研发历史

20 世纪 30 年代，苏联军队装备的重机枪大部分是 DShK 重机枪。随着战争形式的日新月异，DShK 重机枪的弊病开始浮现出来，其中之一就是无法适应步兵在转移中射击。为了能够适应战场，苏军对重机枪的要求是轻便、容易操作和可靠性高。1961 年，NSV 重机枪诞生，随后，与 DShK 重机枪进行对比试验，结果 NSV 重机枪各个方面都比 DShK 重机枪优秀。

基本参数	
口径	12.7 毫米
全长	1 560 毫米
重量	25 千克
枪口初速	845 米 / 秒
弹容量	50 发
相关简介	

实战性能

NSV 重机枪大量采用冲压加工与铆接装配工艺，这样不仅简化了结构，还减轻了全枪质量，生产性能也较好。在恶劣条件下使用时，NSV 比 DShKM 的动作更可靠，在 2000 米射程内可打击步兵集群、火力点、轻型装甲车辆及各种运输车辆，还可作为近程防空武器，对付斜距离为 1500 米内的低空飞行目标。

趣味小知识

由于 NSV 重机枪"块头"比较大，而且它的重量也不是一两个人能够承受得起的，因此运输时需要至少几个机枪手帮忙挪动。

捷克斯洛伐克 ZB37 重机枪

ZB37 重机枪火力猛、火力密度高，在性能方面，比同时期日军装备的九二式重机枪更为优秀。

基本参数	
口径	7.92 毫米
全长	1 096 毫米
重量	21 千克
枪口初速	850 米 / 秒
弹容量	100 发
相关简介	

研发历史

20 世纪 20 年代之前，捷克斯洛伐克所使用的重机枪主要是马克沁水冷式重机枪，但此时该重机枪已经是属于落伍的品种，捷克斯洛伐克军方希望为自己的军队装备一种可以快速机动、火力猛、使用简便的新型重机枪。随后，捷克斯洛伐克军方将研发新型重机枪的任务下达于布尔诺国营兵工厂。接到任务的布尔诺国营兵工厂立即召集各大设计师开始研发新型重机枪，最终在 1935 年成功研制了 ZB35 型气冷重机枪，但该枪在军方测试后发现没有想象的那样完美。随后，布尔诺国营兵工厂在该枪的基础上不断改进，于 1937 年打造出 ZB37 重机枪。

实战性能

ZB37 型重机枪具有火力猛且密度高等优点，它比同时期中央军装备的马克沁重机枪和日军装备的九二式和三年式重机枪在性能方面要占较大优势，深受军官士兵的喜爱。

趣味小知识

ZB37 重机枪采用风冷式枪管，与 ZB26 轻机枪一样枪管上有散热片，能够快速更换。

新加坡 CIS 50MG 重机枪

CIS 50MG 重机枪是 20 世纪 80 年代后期，由新加坡特许工业公司自主研发和生产的气动式操作、弹链供弹式重机枪。

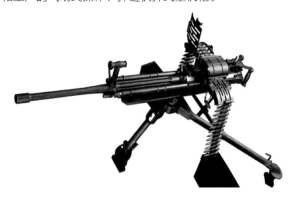

枪弹特写

基本参数	
口径	12.7 毫米
全长	1 778 毫米
重量	30 千克
枪口初速	890 米 / 秒
弹容量	100 发
相关简介	

研发历史

M2HB 重机枪已经跟随新加坡国防部多年，为了"换个口味"，20 世纪 80 年代后期，新加坡国防部要求设计一款全新的重机枪，并要求能够发射与 M2HB 重机枪相同的 12.7 毫米步枪子弹。新加坡的枪械设计师们吸取了其他武器的设计，建立适合现代战术理论和生产技术的新型模块化武器。经过两年的开发和测试阶段后，新加坡特许工业公司在 1988 年推出了新型 12.7 毫米重机枪，并命名为 CIS 50MG 重机枪。

实战性能

CIS 50MG 重机枪的供弹系统比较特殊，为双路供弹系统，射手能够选择其中一条弹链来供弹，实现不同弹种的切换。这种设计的优点是，如果对付有生目标，可以采用普通弹，以节省资金。

趣味小知识

CIS 50MG 重机枪装有一根可以快速拆卸的枪管，配备一个与枪管整合了的提把，即使不戴隔热石棉手套也可以在作战或是实战演习时，快速方便地更换过热或损毁的枪管。

日本大正十一式轻机枪

大正十一式轻机枪也称"11年式轻机枪"，在1922年定型成为制式装备而得名。因其枪托为便于贴腮瞄准而向右弯曲，俗称"歪把子"机枪。

脚架特写

枪托特写

研发历史

一战结束以后，世界各国特别是一些军事大国，出现了新一轮军备竞赛和军事思想变革的风潮。日本为了增强一线步兵的火力，也效仿欧美国家军队的做法，开始为步兵班设计一款只需要1~2人操作的轻机枪。机枪作为自动武器，要实现能通用步枪这种非自动武器的5发弹夹，就必须满足两个条件：第一，必须具有一个能够承载和储放步枪5发弹夹的平台；第二，必须能够满足机枪自动射击的要求，并能把步枪弹夹式供弹具上的枪弹连续不断地送入进弹位置。围绕军方的要求，日本兵工厂打造出了大正十一式轻机枪。

基本参数	
口径	6.5 毫米
全长	1 100 毫米
重量	10.2 千克
枪口初速	736 米 / 秒
弹容量	30 发
相关简介	

实战性能

经过实战证明，枪械的结构越简单，可靠性也就相对越高；反之，可靠性则越糟。大正十一式轻机枪采用的这种供弹方式，结构与动作过于复杂。而这种机构动作的高复杂性，同时也就存在高故障率的隐忧。

> **趣味小知识**
>
> 大正十一式轻机枪在结构设计上还有着两个非常突出的特点：一方面最大限度地遵从并且创造性地实现军方对武器性能的要求，另一方面最大限度地吸收并且创造性地运用当时世界上先进的枪械原理。

日本九六式轻机枪

　　九六式轻机枪在 1936 年开始被广泛使用，它原本是要取代较旧的十一式轻机枪，不过由于当时十一式已有大量生产，因此这两种武器直到战争结束仍都有使用。

弹匣特写

扳机特写

研发历史

　　1931 年，日本军队在战争中的经验使他们确信了一个事实，那就是机枪可以为前进的步兵提供火力掩护。虽然日军早期装备的有大正十一式轻机枪，可以很方便地由步兵带入作战，但是该枪开放式供弹设计，让沙土和污垢容易进入枪身，因此在环境恶劣的情况下容易卡弹。此时日本军队要求重新设计一款适应战争需求的机枪。随后，日本陆军小仓兵工厂借鉴捷千克斯洛伐千克 ZB26 轻机枪，设计出了一款新型的轻机枪，1936 年这款新型机枪被定型，并正式命名为九六式轻机枪。

基本参数	
口径	6.5 毫米
全长	1 070 毫米
重量	9 千克
枪口初速	735 米 / 秒
弹容量	30 发
相关简介	

实战性能

　　九六式轻机枪的弊端在于弹壳容易卡在弹膛中，从而引起故障。为了确保可靠的填弹，只好用装在弹匣装填器中的油泵为子弹上油。但是，上了油的子弹更容易黏上沙尘，因此让问题更加严重化了，然而该问题直到九九式轻机枪问世后才真正获得解决。

法国"绍沙"轻机枪

"绍沙"机枪是最早的轻型自动步枪口径武器之一，它开创了几个随后的 20 世纪火器项目的先例，这是一种廉价且大量建造的便携式全功率自动武器。

脚架特写

弹匣特写

基本参数	
口径	7.92 毫米
全长	1143 毫米
重量	9.07 千克
枪口初速	630 米 / 秒
弹容量	20 发
相关简介	

研发历史

"绍沙"机枪是以设计委员会主任"绍沙"上校的姓氏命名的。当时欧洲风行一种习惯，即武器装备名称惯用主持这项工作官员的姓氏命名，以示尊敬。"绍沙"机枪在统计表中多称为 C.5.R.C，据美国人说这四个字母就是设计委员会主要成员姓氏的首字母，法国人说"绍沙"机枪是这四个人主持设计的，而且设计师也是他们。

实战性能

"绍沙"轻机枪结合了 1 个手枪式握把，1 个内置式枪托，1 个可拆卸的弹匣和 1 个选择性的射击能力，采用紧凑的包装，重量轻，适合单兵。除此之外，该枪还能够常规地从臀部和行走时发射。

趣味小知识

"绍沙"机枪制造得非常粗糙，很笨重。第一次世界大战开始时，美军几乎没有一挺自动武器，于是从法国购买了 37000 挺"绍沙"机枪装备美军，但是该枪在射击过程中不稳定，几乎每一挺交付美军的"绍沙"轻机枪都发生了故障，零部件尤其是弹簧战损非常严重。也因此在实战中，美军士兵却宁愿使用 M 1903 手动步枪也不用它，甚至在作战中，有些美国兵在战壕里还在大骂"绍沙""绍沙"机枪从此臭名远扬，成了一战时最不受欢迎的武器。

以色列 Negev 轻机枪

Negev 轻机枪完全符合北约 5.56 毫米武器标准，目前，该枪是以色列国防军的制式多用途轻机枪，装备的部队包括以色列所有的正规部队和特种部队。

枪托特写

枪弹特写

研发历史

1990 年，以色列的军队，包括徒步士兵、车辆、飞机和船舶装备的机枪是 FNMAG58。虽然该机枪的通用性极好，但作为单兵器来说，该枪还是显得太笨重，不便于士兵携带。因此，以色列国防军需要寻找一种新型的便于携带的轻机枪，来增强步兵分队的压制火力。

基本参数	
口径	5.56 毫米
全长	1 020 毫米
重量	7.5 千克
枪口初速	950 米 / 秒
弹容量	100 发
相关简介	

按照军方的要求，以色列军事工业公司为他们打造了一款新型的轻机枪——Negev 轻机枪。正当以色列国防军打算采用 Negev 轻机枪时，半路杀出个 FN Minimi 机枪，这两种枪在性能上相差无几，并且在 1990 年以色列就已经装备了少量的 FN Minimi 机枪。相对于 Negev 轻机枪来说，FN Minimi 机枪的优势就在于经历过实战检验，而且价格便宜。但是后来 FN Minimi 机枪没有得到适当的维护，导致性能下降，所以在以色列国防军中的声誉也开始有所下滑。另外，以色列军事工业公司通过政治手段向军方施压，要求军方"支持国产"，因此以色列国防军才最终决定采购比 FN Minimi 价格高的"国产货"Negev 轻机枪。

实战性能

Negev 轻机枪是一把可靠及准确的轻机枪，有着轻型、紧凑以及适合沙漠作战的优势，还可通过改变部件或设定来执行特别行动而不会减低火力及准确度。在传统的军事应用或在近距离战斗使用中，Negev 轻机枪能使用标准"软式攻击型弹鼓"，同时该枪也装备了可拆卸弹匣。

比利时 FN Minimi 轻机枪

FN Minimi 轻机枪是比利时 FN 公司在 20 世纪 70 年代研制成功的，80 年代正式服役于美军部队，后被世界上数十个国家采购并装备于部队。

研发历史

20 世纪 70 年代初期，北约各国的主流通用机枪发射 7.62×51 毫米 NATO 枪弹。FN 公司设计 FN Minimi 轻机枪时，原本也打算发射这种枪弹。但为了推广本公司新研发的 SS109 弹药（口径为 5.56 毫米），使其成为新一代北约制式弹药，所以在加入美国陆军举行的班用自动武器评选时，将 FN Minimi 轻机枪改为发射 SS109 弹药。

基本参数	
口径	5.56 毫米
全长	1 038 毫米
重量	7.1 千克
枪口初速	925 米 / 秒
弹容量	100 发
相关简介	

实战性能

由于采用小口径弹药，FN Minimi 的重量比 7.62×51 毫米的通用机枪轻得多，可靠性比较高，也更适合用作班用支援武器。

趣味小知识

FN Minimi 轻机枪共有 3 种类型，标准型、伞兵型和车载型，车载型装在步兵战车射击孔的球形架上向外射击。

捷克斯洛伐克 ZB-26 轻机枪

ZB-26 轻机枪诞生于 1924 年，它是世界上最著名的轻机枪之一，曾装备于数十个国家军队。

基本参数	
口径	7.92 毫米
全长	1 161 毫米
重量	9.65 千克
枪口初速	764 米 / 秒
弹容量	20 发
相关简介	

研发历史

1920 年，伐布拉格军械厂枪械设计师哈力干克设计了一种新型轻机枪——Praga Ⅰ 轻机枪。该枪经过捷克斯洛伐克国防部的测试，它的性能与勃朗宁、麦迪森和维干克斯等设计的轻机枪不相上下，于是国防部要求在该枪的基础上继续发展。之后，在哈力干克的精心打造下，Praga Ⅱ A 轻机枪诞生了。

1923 年，捷克斯洛伐克国防部征集轻机枪以供捷克斯洛伐克陆军使用。哈力伐克以 Praga Ⅱ A 参加测试，在测试后 Praga Ⅱ A 被国防部选中，成为捷克斯洛伐克陆军制式武器。但后来布拉格军械厂濒临破产，已无力生产 Praga Ⅱ A 轻机枪，哈力伐克及大部分技术人员选择了离职。1925 年 11 月，布拉格军械厂与捷克斯洛伐克国营兵工厂签署了生产合约，哈力伐克随后加入了捷克斯洛伐克国营兵工厂，协助完成 Praga Ⅱ A 轻机枪的生产。1926 年，由伐布拉格军械厂和捷克斯洛伐克国营兵工厂合力生产的 Praga Ⅱ A 轻机枪被定名为布尔诺 - 国营兵工厂 26 型轻机枪，简称 ZB-26 轻机枪。

实战性能

ZB-26 轻机枪结构简单，动作可靠，在激烈的战争中和恶劣的自然环境下也不容易损坏。该枪使用和维护都很方便，只要更换枪管就可以持续射击。另外，两人机枪组经过简单的射击训练就可以使用该枪作战，大大提高了实战效能。

趣味小知识

ZB-26 轻机枪的枪管组件是由消焰器、导气箍、准星、准星护翼、枪管、提把等组成。以枪管为主体，其余所有零件均安装在枪管上。

新加坡 Ultimax 100 轻机枪

Ultimax 100 轻机枪由新加坡特许工业有限公司研发生产，其特点是净重轻、命中率高，除了被新加坡军队采用外，也出口到其他国家。

枪托特写

扳机特写

研发历史

美国枪械设计师詹姆斯·沙利文是一个能力超群的人物，曾领导过包括斯通纳在内的许多著名的轻武器设计师，他所参与过的轻武器研究有著名的 M16 突击步枪。1978 年，詹姆斯·沙利文在新加坡军方的委托下，与另一位设计师鲍伯·沃德菲尔德一起设计了一款轻机枪。1979 年 6 月，新加坡军方对该新型轻机枪进行了测试，随后，于 1981 年定型，并命名为 Ultimax 100。

基本参数	
口径	5.56 毫米
全长	1 024 毫米
重量	4.9 千克
枪口初速	970 米 / 秒
弹容量	100 发
相关简介	

实战性能

Ultimax 100 轻机枪最大的特点是它采用恒定后坐机匣运作原理，枪机后坐行程大幅度加长，令射速和后坐力比其他轻机枪低，但射击精准度要高。

趣味小知识

Ultimax 100 轻机枪的净重极轻，枪支本身净重不过 4.9 千克，净重和旧式突击步枪相当，即使装上塑胶制的 100 发专用弹鼓并装满子弹，总净重也不过约 6.8 千克。

瑞士富雷尔 M25 轻机枪

富雷尔 M25 轻机枪是二战期间瑞士军队的制式武器，号称"保卫阿尔卑斯山的秘密武器"。

局部特写

弹匣特写

研发历史

自从膛线被发明后，武器的射击精准度被大大提高，可是人们关注的更多是手枪、步枪射击精准度，而很少关注机枪的射击精准度。对于机枪的射击精准度，往往是通过射手的操作技术来保证，而不是去改进机枪机构设计来提高机枪的射击精准度。另外，早在一战中机枪的成功使用，让每个人都知道了武器持续射击的重要性。

瑞士轻武器工厂的负责人阿道夫•富雷尔对武器颇有研究，他认为设计轻机枪必须要利用后坐缓冲装置来提高射击精准度。另外，瑞士是个多山的国家，研制一种既能持续射击，又能保持射击精准度的武器是非常必要的。随后，阿道夫•富雷尔带着这样的设计理念，最终设计出了一款适合瑞士本土作战的新型轻机枪——富雷尔 M25 轻机枪。

基本参数	
口径	7.5 毫米
全长	1 163 毫米
重量	8.65 千克
枪口初速	710 米 / 秒
弹容量	30 发
相关简介	

实战性能

富雷尔 M25 轻机枪采用枪管短后坐式自动方式，不像当时的很多机枪那样采用导气式自动方式，因此降低了机件间的猛烈碰撞，使抵肩射击变得容易控制，从而提高了射击精度。单发射击时，富雷尔 M25 轻机枪的射击精准度相当于狙击步枪。

趣味小知识

虽然富雷尔 M25 轻机枪早已被换装，但瑞士不会忘记这款在瑞士历史上付出过汗马功劳的功臣。另一方面，由于生产数量有限及独特的肘节式闭锁机构，该枪已成为武器收藏家所追捧的对象。

法国 AAT-52 通用机枪

AAT-52 是法国战后制造的第一种通用机枪，主要被用作机载武器。

枪管特写　　　　　　　　　　　　　　　　　　　　　　　　枪托特写

研发历史

　　越法战争时期，法国军队装备的武器，除了从英国和美国购买之外，就是一些二战时期缴获的德国武器。这导致了法国军队在战场上弹药和武器配用非常的混乱，于是法军决定装备一款新型制式通用机枪。1952 年，法国一家国营兵工厂根据军方要求设计了一款机枪，并命名为 AAT-52 通用机枪。

基本参数	
口径	7.5 毫米
全长	1 180 毫米
重量	9.970 千克
枪口初速	830 米 / 秒
弹容量	200 发
相关简介	

实战性能

　　AAT-52 通用机枪的优点是结构简单，生产方便，但缺点是重心太靠后，操作性能差。且消焰功能也不好。

趣味小知识

　　AAT-52 通用机枪也常被称为 AA-52 通用机枪，目前，虽然该机枪还在法军服役，但用于直升机上的机载武器已被 FN MAG 通用机枪取代。

参考文献

[1] 黎贯宇. 世界名枪全鉴 [M]. 北京：机械工业出版社，2013.

[2] 军情视点. 经典枪械鉴赏指南 [M]. 北京：化学工业出版社，2017.

[3] 床井雅美. 现代军用枪械百科图典 [M]. 北京：人民邮电出版社，2012.

[4] 卞荣宣. 现代兵器丛书——手枪 [M]. 北京：中国人民解放军出版社，2005.